INVENTAIRE
F 46,004

AF404591

OBSERVATIONS

SUR UN

PROJET DE LOI PÉNITENTIAIRE

PROPOSÉ

PAR LA COMMISSION CHARGÉE D'ÉTUDIER LES QUESTIONS

RELATIVES A L'ORGANISATION ET AU RÉGIME

DES PRISONS PÉNALES

DANS LE ROYAUME D'ITALIE

DÉPÔT LÉGAL
Seine
N° 5760
1863

PAR J.-LÉON VIDAL

Chevalier de la Légion d'honneur et des SS. Maurice et Lazare,

Membre c¹ des Académies de Dijon et de Marseille et d'autres Sociétés savantes.

Inclusi pœnam expectant.
VIRGILE, *Énéide.*

PARIS

CHEZ LEDOYEN, LIBRAIRE, AU PALAIS-ROYAL

Galerie d'Orléans.

1863

F

OBSERVATIONS

SUR UN

PROJET DE LOI PÉNITENTIAIRE

PROPOSÉ

PAR LA COMMISSION CHARGÉE D'ÉTUDIER LES QUESTIONS

RELATIVES A L'ORGANISATION ET AU RÉGIME

DES PRISONS PÉNALES

DANS LE ROYAUME D'ITALIE

PAR J.-LÉON VIDAL

Chevalier de la Légion d'honneur et des SS. Maurice et Lazare,

Membre c⁴ des Académies de Dijon et de Marseille et d'autres Sociétés savantes, etc.

'Inclusi pœnam expectant.
VIRGILE, *Enéide.*

—∞⁙∞—

PARIS

CHEZ LEDOYEN, LIBRAIRE, AU PALAIS-ROYAL

Galerie d'Orléans.

1863

OBSERVATIONS

SUR UN

PROJET DE LOI PÉNITENTIAIRE

PROPOSÉ
PAR LA COMMISSION CHARGÉE D'ÉTUDIER LES QUESTIONS
RELATIVES A L'ORGANISATION ET AU RÉGIME DES PRISONS PÉNALES
DANS LE ROYAUME D'ITALIE.

> Inclusi pœnam expectant.
> VIRGILE, *Énéide.*

§ I.

Des questions importantes de législation pénale et d'administration pénitentiaire sont débattues en ce moment en Italie, et elles viennent même de recevoir une solution préliminaire qui semble présager une décision définitive. — Ce fait présente un intérêt assez grave pour mériter d'être connu en France, et il est même de nature à appeler l'intérêt général en Europe. Je veux parler du projet de loi que la commission chargée d'étudier les questions qui se rattachent au régime pénitentiaire vient de proposer au ministre de l'intérieur de ce royaume à la suite du rapport détaillé qu'elle lui a présenté. Dans ce projet de loi quatre dispositions sont surtout à remarquer : la suppression des bagnes, l'établissement du régime cellulaire avec isolement absolu des détenus, la diminution de la durée des peines et l'admission du principe de la libération conditionnelle.

Je vais exposer en détail ces propositions et les accompagner de quelques observations, surtout en ce qui concerne la libération conditionnelle et le régime de la séparation continue.

Je rappellerai avant tout que le gouvernement italien a eu depuis longtemps la pensée d'améliorer et de constituer sur des bases sérieuses et efficaces les institutions qui se rattachent à l'application des peines. Le roi Charles-Albert s'en était occupé avec soin et le roi Victor-Emmanuel a activé cette impulsion. Cette constante et honorable préoccupation du gouvernement s'est manifestée plusieurs fois par des actes importants. Elle entre dans ses habitudes d'amélioration et de perfectionnement, non-seulement en ce qui concerne l'administration générale du royaume, mais aussi tous les détails de cette administration. Le régime pénitentiaire tient une place considérable dans l'ensemble des progrès que le gouvernement a réalisés et de ceux qu'il veut accomplir encore. La nomination de la commission, dont je vais faire connaître le travail, était une des conséquences de cette tendance.

L'administration pénitentiaire de l'Italie a le bonheur d'avoir à sa tête un ministre éminent, et pour directeur général un homme de haute intelligence, de sens droit, de science profonde, d'initiative et de pratique éclairée, d'honorabilité supérieure, M. J. Boschi, qui prend à tâche de remplir sa mission administrative et humanitaire de la manière la plus consciencieusement utile, le plus en rapport avec les exigences de la civilisation actuelle de la Péninsule. Secondant habilement les vues du gouvernement, il s'efforce de mettre ce service si important au niveau de ce qu'il est dans les pays les plus avancés.

Il convient d'indiquer la nature des réformes que le roi Charles-Albert opéra dans le système pénitentiaire de son pays, dès le commencement de son règne. Préparées dans les études des hommes les plus compétents, elles furent réalisées par des lettres patentes du 9 février 1839 et par la publication du Code pénal qui les suivit. Ces lois prescrivaient la création des prisons pour peine, séparées des prisons pour la prévention. C'était l'application du principe qui a proclamé dans les codes français la démarcation entre les maisons d'arrêt ou de justice et les prisons pénales. Ainsi, d'après ces lois, il devait y avoir dans le royaume des prisons pour peines divisées en lieux de relégation, en maisons de réclusion, en prisons correctionnelles et en *ergastoli* ou maisons de correction, pour les délinquants jeunes ou de faible discernement; enfin en prisons *mandamentali* ou de dépôt, pour les individus condamnés aux arrêts, peine de simple police. Les prisons pour peines furent placées dans les attributions et sous l'administration du ministère de l'intérieur. Les prisons de prévention furent mises sous la dépendance et la direction, même pour le régime économique, du ministère de la justice.

Dans l'application de cette division des prisons en deux grandes catégories, le progrès n'avait pas marché d'un pas égal. Les prisons judiciaires restèrent stationnaires ou reçurent peu d'amélioration, tandis que les prisons pour peines étaient l'objet d'un mouvement extrêmement remarquable.

Deux millions de francs furent assignés pour les constructions les plus urgentes. On pensa qu'il fallait, avant tout, établir des prisons spéciales pour les hommes et pour les femmes condamnés à la réclusion, qui devaient être séparés des condamnés au simple emprisonnement correctionnel et pour les jeunes délinquants condamnés à l'*ergastolo* ou maison correctionnelle. Le gouvernement établit pour les condamnés à la réclusion deux pénitenciers, l'un à Alexandrie, l'autre à Oneille, près de Gênes, contenant chacun 500 condamnés. Ce sont deux établissements remarquables. On adapta, en outre, à cette destination le château de Fossano. On disposa, enfin, deux prisons pour les femmes condamnées de diverses catégories, l'une dans le voisinage de Turin et l'autre à Pallanza.

L'ancien château de Saluces fut approprié pour la détention des hommes condamnés à un long emprisonnement.

Dans l'île de Sardaigne, le gouvernement fit construire des prisons neuves à Tempio et à Nuoro ; elles étaient destinées à recevoir des condamnés, mais elles n'étaient pas coordonnées à un système pénitentiaire bien défini.

Quant aux prisons municipales pour les condamnés à la prison simple, de courte durée, et aux arrêts, on laissa aux communes, aux *mandamenti*, le soin et la dépense de leur construction, et il en existait déjà un nombre assez grand.

Voilà ce que le gouvernement avait exécuté d'abord en vue de l'organisation des prisons pour peine; on voit que son œuvre était déjà considérable et qu'il avait été beaucoup fait pour appliquer la pensée réformatrice du roi Charles-Albert.

Les prisons préventives appelèrent l'attention du gouvernement ; elles étaient dans le plus mauvais état.

Par ses ordres, une inspection générale de toutes les prisons judiciaires fut faite. Elle mit en évidence les graves abus qui y existaient. La cause de cet état de choses était attribuée, d'après ces observations, aux locaux trop restreints et à leur distribution vicieuse. Il était démontré que plusieurs manquaient des conditions exigées pour les besoins de l'hygiène et des convenances d'humanité; que d'autres n'offraient pas les garanties de sûreté pour la détention ; que presque toutes rendaient absolument impossible cette classification et cette séparation des catégories que prescrivaient les plus élémentaires notions de la science pénale. Il était enfin démontré avec la dernière évidence que la réforme la plus urgente, la seule même qui pût rendre les autres applicables et efficaces, devait porter ses efforts vers les prisons *judiciaires* ou préventives.

La loi du 27 juin 1857, promulguée à la suite de cet examen général, posa en principe dans son article 1er que les prisons judiciaires ou préventives seraient construites d'après le système cellulaire et d'isolement absolu. L'administration de ces prisons passa, des attributions du ministère de grâce et de justice, dans celles du ministère de l'intérieur.

On pensa ensuite aux grandes prisons pénales.

Une loi du 14 février 1862 autorisa la construction à Cagliari (île de Sardaigne) d'un pénitencier pour les condamnés, d'après le système d'Auburn, c'est-à-dire avec communauté dans le jour et séparation cellulaire la nuit. On pouvait penser que ce système était adopté en Italie ; cependant, presque en même temps, un décret royal du 16 du même mois établissait une commission chargée d'étudier la question pénitentiaire dans son ensemble et ses détails, et de résumer ces propositions dans un projet de loi à soumettre au Parlement.

Cette commission était composée d'hommes éminents dans les sciences du droit, de l'administration de l'économie politique, et versés dans l'application pratique de leurs principes.

MM. Desambrois de Nevache, président du conseil d'Etat, sénateur; Tecchio, président de la Chambre des députés; de Salmour, sénateur; Spaventa, député ; Minghelli-Vaini, député ; Buglione di Monale, conseiller d'Etat; Genina, conseiller d'Etat ; Lauteri, conseiller à la Cour de cassation ; Boschi, directeur général des prisons ; Lavini, substitut du procureur général, et Peri, consulteur au ministère de l'intérieur, pour l'administration des prisons, formaient cette commission. Elle devait s'occuper des six questions suivantes, qui lui étaient soumises par M. le ministre de l'intérieur:

1° Examiner si la peine des travaux forcés, telle qu'on la subit actuellement dans les bagnes, est conciliable avec la civilisation moderne et se trouve en harmonie avec la progression graduée des peines établies par le Code et particulièrement avec les peines de la réclusion et de l'emprisonnement subies d'après le système pénitentiaire, et, en cas de négative, quelle peine il conviendrait de lui substituer ou quelle modification devrait subir la peine des travaux forcés, soit quant au mode de l'expiation, soit quant à la durée.

2° Si on admettait la suppression des travaux forcés ou un changement essentiel dans le mode actuel de l'expiation, proposer des mesures transitoires applicables aux condamnés actuellement dans les bagnes et à ceux qui seraient condamnés à cette peine, jusqu'à ce que des établissements de répression soient disposés pour eux.

3° Déterminer si, dans quelque hypothèse que ce soit, il serait opportun de concentrer tous les établissements de pénalité, les bagnes compris, sous une même administration.

4° Examiner quel est, parmi les divers systèmes pénitentiaires, celui qui doit être préféré pour la construction de nouveaux édifices de peines, et indiquer les institutions complémentaires qu'on croirait aptes à seconder l'action du système adopté.

5° Examiner si les colonies pénales agricoles sont admissibles comme degré dans l'échelle des peines, ou s'il convient de les adopter par voie de commutation de peine pour les condamnés qui paraîtraient mériter cette faveur; pour quelle catégorie de condamnations, dans le premier ou le second cas, on peut préférer l'emploi de ce moyen plus large de détention, et surtout s'il est applicable aux jeunes condamnés à la détention (*custodia*), et à ceux auxquels s'applique l'article 86 de la loi de sûreté publique (*les enfants*).

6° Etablir les dispositions spéciales et exceptionnelles à appliquer aux condamnés : 1° à la détention correctionnelle (*custodia*); 2° à la prison subsidiaire et aux arrêts; 3° à la relégation; 4° aux condamnés qui, à raison de leur âge ou d'indispositions physiques, sont incapables de travaux obligatoires.

La commission s'est occupée de la solution à donner à ces diverses questions, et elle a présenté, le 29 mars 1863, son rapport longuement détaillé et discuté avec le plus grand soin à M. le ministre de l'intérieur; à la suite de son rapport, elle lui a proposé le projet de loi suivant :

CHAPITRE PREMIER.

Dispositions générales.

ARTICLE PREMIER. — Les établissements pénitentiaires de toute catégorie, excepté ceux qui sont destinés à la réclusion et à l'emprisonnement militaires, sont placés sous la dépendance du ministre de l'intérieur.

ART. 2. — Des commissions de surveillance sont établies près les établissements pénitentiaires; des règlements déterminent leur composition et leurs attributions. Le préfet est président né des commissions de surveillance de la province. Les premiers présidents et procureurs généraux sont membres nés des commissions de surveillance dans le ressort de leur cour. Le sous-préfet est vice-président né des commissions de surveillance de l'arrondissement. Les présidents des tribunaux et les procureurs du roi sont membres nés de ces commissions.

ART. 3. — Le gouvernement favorise et, au besoin, encourage l'établissement d'associations charitables de patronage, ayant mission de visiter les détenus, de leur donner assistance et conseil, et de préparer leur réhabilitation dans la société. Le gouvernement favorise aussi l'établissement de sociétés de patronage pour les libérés.

CHAPITRE II.

Des établissements pénitentiaires.

ART. 4. — Les condamnés aux travaux forcés, à la réclusion, à la relégation et à l'emprisonnement subissent leurs peines dans des éta·blissements distincts, nommés : maisons de travaux forcés à vie, maisons de travaux forcés à temps, maisons de réclusion, maisons de relégation, maisons d'emprisonnement pénal. Rien n'est changé à l'article 34 de la loi du 26 mars 1848 sur la presse.

ART. 5. — Des maisons spéciales sont destinées aux femmes condamnées aux peines mentionnées dans l'article précédent. Toutefois, si elles sont réunies dans la même maison, elles sont renfermées dans des quartiers séparés portant chacun l'indication du genre de peine qui y est subie.

ART. 6. — Les condamnés à l'emprisonnement pour un temps qui n'est pas au-dessus d'une année et ceux qui doivent subir l'emprisonnement à défaut de paiement de l'amende peuvent être détenus dans les prisons judiciaires, pourvu qu'elles réunissent les conditions de l'article 11 relatives aux genres de peines qui s'y subissent.

ART. 7. — Des locaux spéciaux sont affectés aux condamnés aux arrêts en matière civile ou commerciale. A défaut de ces locaux, le gouvernement peut leur affecter une section particulière des prisons judiciaires ou même des prisons de mandement dont il est parlé dans l'article 10.

ART. 8. — Les jeunes gens condamnés à la détention (*custodia*) subissent leur peine dans des établissements nommés maisons d'éducation correctionnelle. Les dispositions de l'article 22 sont appliquées à ces condamnés.

ART. 9. — Les mineurs dont la détention est ordonnée par les cours ou tribunaux, en vertu des lois pénales de sûreté publique, sont placés dans des établissements nommés maisons d'amendement. Ils peuvent être, par ordre ministériel, confiés à des établissements privés, industriels ou agricoles, pour y demeurer pendant le temps fixé par le décret de la cour ou du tribunal.

ART. 10. — La peine des arrêts pour contravention de police est subie dans les maisons de mandement (prisons municipales), disposées de manière à rendre possible la séparation individuelle des condamnés pendant la nuit.

CHAPITRE III.

Du mode d'expiation des peines.

Art. 11. — Dans les maisons de travaux forcés, de réclusion, de relégation et d'emprisonnement, les condamnés sont tenus en état de séparation absolue les uns des autres, et occupent des locaux isolés, de manière qu'ils ne puissent avoir aucune communication entière, tant le jour que la nuit, en observant les règles ci-après indiquées.

Art. 12. — Il est accordé à chaque condamné au moins une heure par jour de promenade à l'air libre dans les locaux désignés à cet effet.

Art. 13. — Ont accès auprès des condamnés les employés de la direction, les officiers de santé, les aumôniers, les ministres des cultes dissidents auprès de leurs coreligionnaires, les maîtres, chefs d'ateliers ou directeurs des travaux exercés dans l'établissement et les membres de la commission de surveillance.

Sont tenus de visiter les condamnés, au moins dans les périodes de temps fixées par le règlement, les employés de la direction, les officiers de santé et les aumôniers attachés à l'établissement.

Sont autorisés à visiter les condamnés, les membres des associations charitables et de patronage régulièrement établies, et en outre les parents et autres personnes munis d'une permission spéciale du directeur.

Art. 14. — Dans tout établissement pénal il existe une collection de livres à l'usage des condamnés; ceux-ci peuvent s'en procurer d'autres moyennant la permission spéciale du directeur.

Art. 15. — La correspondance par lettres est permise aux condamnés dans les limites et avec les précautions établies par les règlements.

Art. 16. — Le travail est obligatoire pour les condamnés, mais il est facultatif pour les condamnés à la peine de la relégation ou de l'emprisonnement pour délits politiques.

Art. 17. — Le produit du travail des condamnés appartient à l'État. Toutefois, une légère partie de ce produit leur est accordée à titre de gratification et sert à leur former un pécule de réserve, dont ils peuvent disposer, selon les termes des règlements, pendant la détention ou quand ils sortent de la prison, ou à des époques déterminées après leur sortie.

Cette portion n'est pas au-dessus de deux vingtièmes pour les condamnés aux travaux forcés, de trois vingtièmes pour les condamnés à la réclusion, de quatre vingtièmes pour les condamnés à la relégation et de cinq vingtièmes pour les condamnés à l'emprisonnement.

Pour les femmes, les maximum peuvent être augmentés d'un vingtième.

L'administration de ce pécule sera constatée par un document en double, dont un exemplaire est conservé par le condamné.

Art. 18. — La privation ou la diminution de la promenade, de l'école, des visites officieuses et de celles des parents, de la lecture, de la correspondance, du travail et des gratifications, ne peut avoir lieu que pour cause de punition temporaire.

Art. 19. — Les punitions disciplinaires auxquelles peuvent être soumis les condamnés, pour des infractions aux règlements de la prison et aux ordres de l'autorité compétente, sont les suivantes :

1° L'avertissement (réprimande) ;

2° La privation de promenade de un à cinq jours ;

3° La privation de la gratification jusqu'à un mois ;

4° La cellule de rigueur jusqu'à quinze jours ;

5° La cellule de rigueur jusqu'à quinze jours, avec les fers, retirés pour un jour tous les deux jours ;

6° La cellule obscure jusqu'à cinq jours.

Les punitions indiquées aux numéros 4, 5 et 6 entraînent toujours la privation de l'école, du travail, de la lecture, des visites officieuses et des parents et des correspondances.

Les punitions numéros 1 et 2 et celle numéro 3, jusqu'à quinze jours, sont prononcées par le directeur de l'établissement. La punition numéro 3, quand elle s'étend au-delà de quinze jours, et celles numéros 4, 5 et 6, sont appliquées par le conseil intérieur de discipline de tout établissement, composé d'après la teneur des règlements.

Dans tout établissement il est tenu un registre spécial des punitions.

Art. 20. — Des règlements particuliers pour toutes les maisons de peine désignées dans l'article 4, établissent :

1° Le mode d'administration et de surveillance ;

2° Les règles pour la nourriture, le coucher et le vestiaire ;

3° Le mode d'occupation, les règles du travail et le tarif des gratifications ;

4° Les règles de l'exercice du culte, qui seront coordonnées de manière à garantir le mieux possible la liberté de conscience, les règles pour l'instruction religieuse, morale et industrielle ;

5° Les règles sur le régime sanitaire, les promenades quotidiennes, les visites quotidiennes et périodiques ;

6° Le mode d'application des peines disciplinaires :

7° Les communications exceptionnelles des détenus entre eux pour cause de prévention pour motifs très-graves ;

8° La forme dans laquelle les condamnés peuvent recourir à l'autorité compétente ;

9° La comptabilité centrale et la statistique.

Dans les dispositions réglementaires susmentionnées, sont spécifiées les différences ultérieures dans le régime des condamnés, suivant la nature des peines qu'ils subissent, de manière que la gradation entre les divers genres de peine soit maintenue.

Ces règlements sont approuvés par des décrets royaux, sur l'avis préalable du conseil d'Etat.

Art. 21. — La durée des peines prononcées par les cours et les tribunaux, et qui sont subies avec isolement individuel continu, est réduite, conformément aux divers tableaux annexés, à la présente loi.

Art. 22. — Sont exceptés de la séparation individuelle : 1° les condamnés âgés de soixante et dix ans révolus et ceux qui ont atteint cet âge pendant la durée de leur peine ; 2° les condamnés valétudinaires, invalides ou qui le deviendraient pendant la durée de leur peine, et spécialement ceux qui, d'après l'avis des hommes de l'art, manifesteraient des tendances à l'aliénation mentale. Les individus mentionnés dans cet article subissent leur peine dans des établissements disposés pour le travail en commun compatible avec leur situation physique.

Art. 23. — Aucun condamné ne peut être maintenu, dans la maison de peine, en état d'isolement individuel continu au-delà du terme de quatorze ans, à moins qu'il ne fasse la demande de la continuation de ce régime ; tout restant de peine, même perpétuelle, est subi dans des établissements pénitentiaires organisés pour le travail en commun avec le silence et la séparation nocturne.

Art. 24. — Dans les maisons *d'éducation correctionnelle* et dans celles *d'amendement*, les condamnés sont tenus à l'état de séparation les uns des autres pendant la nuit, et soumis pendant le jour au travail en commun, agricole ou industriel, dans le mode prescrit par les règlements. Toutefois, l'isolement peut leur être appliqué comme moyen de préparation ou de correction, et pour un temps qui ne peut excéder le tiers de la durée de la peine infligée, ou de leur détention ordonnée, et en aucun cas ne peut se prolonger au-delà de quatre mois.

CHAPITRE IV.

Des libérations conditionnelles.

Art. 25. — Les condamnés à une peine au-dessus d'un an d'emprisonnement qui, ayant subi les trois quarts de cette peine, ont donné des preuves incontestables de repentir et présentent des garanties suffisantes de bonne conduite pour l'avenir, peuvent être libérés provisoirement, sous les conditions que le gouvernement jugera opportunes soit pour l'utilité des condamnés, soit dans l'intérêt de l'ordre et de la sûreté publique.

Art. 26. — La libération conditionnelle est accordée par un décret royal sur la proposition du ministre de grâce et de justice, après l'avis de la commission de surveillance de l'établissement pénal dans lequel le condamné subit sa peine, et celui de la cour ou du tribunal qui a prononcé la sentence de condamnation, donné sur le rapport du procureur général ou du procureur du roi; si la condamnation a été prononcée par la cour d'assises, la cour d'appel procède dans la section des appels correctionnels.

Art. 27. — La libération conditionnelle a pour effet d'interrompre l'expiation de la peine sous les réserves de précaution indiquées dans l'article 25. Le libéré ne rentre pas toutefois dans les droits et il ne recouvre pas les capacités dont il a été privé par la condamnation dont il a été frappé, si l'interdiction ou la suspension d'emplois publics, ou d'actes d'une charge ou emplois déterminés, d'une profession déterminée, d'un négoce ou d'un art y étaient jointes.

Art. 28. — Le cas de conduite répréhensible ou de non-accomplissement des conditions imposées par le gouvernement donne lieu à la réintégration du condamné dans l'établissement pénal. Elle est ordonnée par le procureur du roi de l'arrondissement dans lequel se trouve le condamné, et elle est rendue définitive par décret du ministre de grâce et de justice, après avis de la cour ou du tribunal, donné conformément à l'article 23.

Si la réintégration a lieu, la peine continue à courir comme si le condamné n'avait pas été libéré, et il ne lui est pas tenu compte du temps écoulé pendant la durée de la libération conditionnelle.

Art. 29. — Le condamné libéré conditionnellement, dont la conduite a été régulière et exempte de reproches pendant le temps de sa libération conditionnelle, est définitivement libéré à l'époque assignée pour le terme de sa peine. La libération définitive est prononcée sur la réquisition du procureur du roi près le tribunal de l'arrondissement de la résidence du libéré; il en est donné avis aux ministres de l'intérieur et de grâce et justice.

Art. 30. — Le décret de libération définitive exempte le condamné de la surveillance de sûreté publique, si elle a été prononcée par la sentence de condamnation. Le temps écoulé pendant la durée de la libération conditionnelle est compris dans le terme fixé à la suspension dont il est question dans le paragraphe de l'article 27.

Art. 31. — Il est fait mention des décrets susmentionnés sur l'original de la sentence de condamnation.

Art. 32. — Si l'on vient à découvrir, après la libération définitive, un crime ou un délit commis par le libéré pendant le temps de sa libération conditionnelle, elle est révoquée de plein droit et il y a lieu d'appliquer les dispositions du dernier paragraphe de l'article 28.

Art. 33. — Pour l'effet des dispositions contenues dans les articles 25 et suivants de cette loi, la peine des travaux forcés à vie est considérée comme prononcée pour un terme de quarante ans.

CHAPITRE V.

Dispositions spéciales et transitioires.

Art. 34. — Les peines de l'esgartolo, de la maison de force et de la prison, prononcées selon les lois pénales actuellement en vigueur dans les provinces de la Toscane, sont subies, la première dans les maisons de travaux forcés à vie; la seconde, si elle est de dix ans ou au-dessus, dans les maisons de travaux forcés à temps, et, si elle est au-dessous de dix ans, dans les maisons de réclusion; la troisième, dans les prisons pour peines. Toutes les autres dispositions de cette loi sont communes à ces provinces.

Art. 35. — Jusqu'à ce que l'on puisse adopter complétement le système pénitentiaire aux bases établies par la présente loi, le gouvernement désigne les condamnés qui doivent être destinés aux maisons de peine existantes et à celles qui seront successivement construites, en commençant par les condamnés aux travaux forcés. Ces désignations auront lieu par décrets royaux, qui devront être publiés.

Art. 36. — Les condamnés aux travaux forcés qui subissent actuellement leur peine dans les bagnes seront transférés dans les arsenaux ou autres lieux fermés, pour y être employés, conformément au Code pénal, sans association avec les ouvriers libres et sans en sortir; le tout en conformité des dispositions à prendre par les soins du ministre de l'intérieur, de concert avec ceux desquels dépendent les susdits établissements.

Art. 37.—Si les condamnés par sentence prononcée antérieurement à l'application de cette loi, ou par sentence postérieure pour des crimes commis antérieurement, sont soumis au nouveau régime pénitentiaire, ils jouissent du bénéfice de la réduction des peines, d'après les tableaux ci-annexés. Cette disposition aura lieu aussi pour les individus des provinces méridionales, de la Lombardie, de l'Emilie, des Marches et de l'Ombrie, condamnés par sentences antérieures à la publication dans ces provinces du Code pénal du 20 novembre 1859. Les peines prononcées, quelles que soient leur dénomination, seront réduites d'après les règles du tableau A, en ce qui concerne la réclusion de la durée de trois à dix ans et les travaux forcés de la durée de dix ans et au-dessus.

Art. 38. — Le gouvernement présentera tous les cinq ans au Parlement un rapport sur les progrès de la réforme pénitentiaire et les résultats obtenus pendant cette période.

Art. 39. — Rien n'est changé au décret du gouvernement précédent de la Toscane, du 10 janvier 1860, excepté les articles 15, §§ 1ᶜʳ et 2; 16, § 1; 17, §§ 1, 2 et 4, qui seront abrogés.

Art. 40. — Toute autre disposition de loi contraire à la présente est abrogée.

A. TABLEAU DE LA RÉDUCTION DES PEINES.

(Excepté celles prononcées aux termes des lois pénales de la Toscane.)

La durée de l'emprisonnement est réduite de 3/12 dans la première année de peine, — de 4/12 dans les années 2 et 3, — de 5 1/2 dans les années 4 et 5, — de 6/12 dans les années suivantes.

La durée de la relégation est réduite de 3/12 dans la peine de trois ans, — de 4/12 dans les années 4 et 5, — de 5/12 dans les années 6 et 7, — de 6/12 dans les années 8, 9 et 10, — de 7/12 dans les années 11, 12, 13, 14 et 15, — de 8/12 dans les années suivantes.

La durée de la réclusion est réduite de 2/12 dans la peine de trois ans, — de 3/12 dans les années 4 et 5, — de 4/12 dans les années 6 et 7, — de 5 12 dans les années suivantes.

La durée de la peine des travaux forcés à temps est réduite de 2/12 dans la peine de 10 ans, — de 3/12 dans les années 11, 12, 13, 14 et 15, — de 4/12 dans les années 16, 17, 18, 19 et 20, — de 5/12 dans les années suivantes.

B. TABLEAU DE LA RÉDUCTION DES PEINES

Prononcées d'après les lois pénales de la Toscane.

La durée de l'emprisonnement est réduite de 1/12 dans la première année de la peine, — de 2/12 dans les années 2, 3 et 4, — de 3/12 dans les années suivantes.

La durée de la maison de force est réduite de 1/12 dans la peine de trois ans, — de 2/12 dans les années 4, 5, 6 et 7, — de 3/12 dans les années suivantes.

Les fractions des jours ne sont pas calculées dans les réductions.

§ II.

Quatre propositions principales sont à bien remarquer dans ce projet de loi. 1° Les bagnes sont supprimés ; 2° l'emprisonnement cellulaire où l'isolement absolu est établi pour tous les établissements de pénalité, excepté pour les individus enfermés dans les maisons d'éducation correctionnelle, où l'isolement n'a lieu que la nuit, pour les condamnés âgés de plus de soixante et dix ans ou valétudinaires, ou prédisposés à l'aliénation mentale, et les femmes ; 3° le système de la libération conditionnelle est adopté ; 4° la durée des peines est considérablement diminuée.

Un seul membre de la commission a rendu publique son opinion contraire à quelques décisions de la commission, et notamment à celle qui adopte le système de l'isolement cellulaire. C'est M. Minghelli-Varini, qui a fait insérer les motifs détaillés de son dissentiment à la suite du rapport.

Ce sont là des solutions extrêmement importantes. Quant à nous, qui avons fait connaître, en France, tous les détails et l'ensemble du système de la nouvelle législation anglaise sur la servitude pénale et la libération conditionnelle et révocable, et qui avons donné la statistique de ses bons résultats (1), nous ne pouvons qu'accorder notre complet assentiment à l'introduction de ce système moral dans les lois progressives de l'Italie. Nous voudrions seulement qu'elle pût le compléter au moyen de la transportation restreinte, et dans une colonie transmaritime comme on la pratique en Angleterre.

Le principe de la libération conditionnelle a été adopté dans la Saxe en fixant le temps de la peine, après lequel on peut l'obtenir, aux deux tiers de sa durée ; il est proposé en Belgique ; il est au nombre des mesures comprises dans la révision projetée du Code pénal portugais. Ce principe répond à cette pensée de Montesquieu, applicable surtout là où le régime cellulaire égalise les peines : « Quand il n'y a pas de différence dans les peines, il faut en mettre dans l'espérance de la grâce. » Le principe de la libération conditionnelle avait été mis à l'étude en Espagne et dans quelques autres États de l'Europe. J'espère que ces études aboutiront, malgré quelques répugnances routinières et quelques craintes exagérées, et qu'il sera adopté partout où on veut sérieusement l'amendement des condamnés.

Deux lois ont organisé en Angleterre la libération conditionnelle, celle de 1853 et celle de 1857. Le principe de la loi de 1857 est que les condamnations prononcées sous son empire, ont pour but 1° de faire subir au condamné un certain temps d'emprisonnement cellulaire, comme épreuve; 2° de lui faire toujours subir la peine des travaux publics en commun ; 3° de lui assurer la possibilité d'obtenir par sa bonne conduite la remise du restant de sa peine. Mais il est nécessaire de faire une différence entre les condamnés qui ont été transportés dans une colonie pénale, comme l'Australie occidentale, et ceux qui sont détenus dans les prisons de la métropole, de Gibraltar et des Bermudes, et devant être mis, à la fin de leur peine, en liberté dans ce pays. Les premiers, avant de pouvoir obtenir une remise de leur peine, doivent avoi subir une période d'emprisonnement et de travaux forcés égale à la moitié de la durée de leur peine; les seconds doivent avoir subi les cinq sixièmes ou les deux tiers de cette peine. Ces dispositions manquaient à la loi de 1853 et la rendaient défectueuse.

Je ne reviendrai pas sur ce que j'ai exposé longuement dans un autre ouvrage sur le système de la libération conditionnelle; je me bornerai à citer les derniers renseignements sur ses résultats en Angleterre, faits récents que la commission n'a peut-être pas connu complétement, car elle cite surtout les renseignements théoriques du congrès pénitentiaire de Francfort en 1857. Les chiffres que je vais donner sont d'ailleurs à l'appui de ses propositions, et il est bon de les exposer, sinon pour l'Italie, au moins pour les autres pays où le système de la libération révocable est à l'étude, ou bien n'est pas encore apprécié.

Pour juger une institution, a dit un éminent publiciste, il faut considérer ses effets dans l'application, car le résultat est le grand juge des lois et des mesures administratives, surtout quand il s'agit de questions pénales. Le résultat est la pierre de touche infaillible des législations humaines.

Les résultats officiels et authentiques de la libération conditionnelle et révocable, du *releasa on licence*, forment donc la partie capitale du système pénal britannique. C'est là ce qu'il importe le plus de constater sérieusement et positivement, parce que la valeur réelle de cette législation nouvelle se mesure et se définit à ce thermomètre à peu près infaillible.

Voici le dernier tableau statistique des résultats de la libération provisoire en Angleterre :

HOMMES.

En 1853 il y a eu   335 libérés et 39 révocations de la licence ou poursuites nouvelles.
En 1854   —   1,895   —   325   —   —   —
En 1855   —   2,528   —   622   —   —   —
En 1856   —   2,007   —   594   —   —   —
En 1857   —   674   —   151   —   —   —
En 1858   —   381   —   51   —   —   —
En 1859   —   260   —   25   —   —   —
En 1860   —   818   —   17   —   —   —
En 1861   —   345   —   10   —   —   — jusqu'au 31 mars.

FEMMES.

En 1854 il y a eu   40 libérées et 3 révocations de la licence ou poursuites nouvelles.
En 1855   —   115   —   32   —   —   —
En 1856   —   221   —   221   —   —   —
En 1857   —   55   —   14   —   —   —
En 1858   —   18   —   2   —   —   —
En 1859   —   129   —   12   —   —   —
En 1860   —   183   —   12   —   —   —
En 1861   —   103   —   2   —   —   — jusqu'au 1er juin.

Ainsi, sur un chiffre total de 9,180 hommes libérés conditionnellement, il y en a eu seulement 1,872 qui ont eu leur licence révoquée ou qui ont été poursuivis pour de nouveaux délits après libération, c'est-à-dire, 834 révocations simples et réintégrations, 1,038 poursuites.

Sur un chiffre total de 764 femmes libérées conditionnellement il y en eu 130 qui ont eu leur licence révoquée ou qui ont été poursuivies pour de nouveaux délits, c'est-à-dire 65 révocations simples et réintégrations, 65 poursuites.

D'après un document plus récent, le nombre des hommes condamnés ayant reçu une licence de libération révocable, a été de 10,507 pendant huit ans et trois mois ; il y a eu seulement 8 0/0 de révocations de la licence, et il y a eu 10.7 0/0 de nouvelles condamnations à la servitude pénale. Sur ce nombre, le 13.6 0/0 avait commis des délits légers, et le 5 0/0 avait commis des crimes graves.

Nous trouvons la preuve de ce chiffre dans la statistique des grandes prisons pour peines de l'Angleterre, où sont renfermés les condamnés criminels, *convicts*, conformément à la législation nouvelle ; abstraction faite de l'Irlande, où, toutefois, le système pénitentiaire est à peu près le même, en y ajoutant la surveillance de la police sur les libérés.

2

— 18 —

Voici *la contenance normale des prisons.*

Pour les hommes condamnés (isolément) :

1° Millbank, 600 détenus; 2° Pentonville, 560; 3° cellules de Wake-
field à la disposition du gouvernement, 412; 4 *idem* de Leicester, 112.
Total, 1,685.

D° *Pour les hommes condamnés* (travaux publics) :

1° Portland, 1,520; 2° Portsmouth, 1,020; 3° Chatam, 1,400;
4° Parkhurst (enfants), 549. Total, 4,189.

D° *pour les invalides* :

1° Dartmoor, 1,206; 2° Voking, 556. Total, 1,762.
Totalité de la contenance de ces prisons, 7,636.

Pour les femmes condamnées :

1° Millbank, 550; 2° Brixton, 645; Fulham, 176. Total, 1,371.

Total général de la contenance des prisons pour les criminels des
deux sexes, 8,899.

Nombre des criminels, hommes et femmes, condamnés et détenus
pendant les cinq années.

Le 1er janvier 1857, le nombre des criminels condamnés restant
dans les prisons était de 6,757.

Reçus du 1er janvier 1857 au 31 décembre 1861, immédiatement
après condamnation, 11,656; après révocation de la licence accordée
par suite de libération conditionnelle, 475; de Gibraltar et des Bermudes, 1,852; des asiles d'aliénés, 54. Total, 14,037.

Total de la population condamnée, détenue pendant les cinq ans,
20,794; sortis, 14,385.

Restait, le 31 décembre 1861, dans les prisons ci-dessus désignées,
6,409.

Les 20,794 hommes condamnés ont reçu les destinations suivantes
pendant les cinq années :

Transportés à l'Australie occidentale, 1,908;

Envoyés à Gibraltar, 844;

Aux Bermudes, 12,215.

Libérés : à l'expiration de leur peine, 6,181; par licence révocable,
3,484; par grâce, 81; par motifs de maladie, conditionnellement ou
non, 105; évadés, 22; décédés, 108; transférés à l'asile d'aliénés, 133;
dans d'autres prisons, 53. Total, 14,385.

Restant en prison le 31 décembre 1861, 6,409. Total égal, 20,794.

Nombre des femmes condamnées, détenues pendant les cinq années.

Le 1er janvier 1857, le nombre des condamnées restant dans les prisons était de 782.

Reçues du 1er janvier 1857 au 31 décembre 1861, immédiatement après condamnation, 2,202; après révocation de licence, 47; des asiles d'aliénés, 3. Total, 2,252; total de la population des condamnées pendant les cinq années, 3,034; sorties, 1,814.

Restait le 31 décembre 1861, 1,220.

Ces 3,034 condamnées ont reçu les destinations suivantes pendant les cinq années:

Libérées: à l'expiration de leurs peines, 902; par licence révocable, 725; par grâce, 32; par motifs de maladie conditionnellement ou non, 44; transférées aux asiles d'aliénés, 26; décédées, 88.

Restant en prison le 31 décembre 1861, 1,220.

Total égal, 3,034.

Nombre total des criminels condamnés des deux sexes détenus le 31 décembre 1861, 7,629.

Nombre des condamnés transportés à l'Australie occidentale et ailleurs du 1er janvier 1857 au 31 décembre 1861:

	En Australie.	A Gibraltar.	Aux Bermudes.
En 1857,	532	400	300
En 1858,	550	—	640
En 1859,	224	140	281
En 1860,	296	—	—
En 1861,	306	304	—
	1,908	844	1,221

Total, 3,973 expatriés.

Nombre des criminels condamnés une première fois à la servitude pénale, et condamnés de nouveau à la servitude ou récidivistes, depuis 1853 jusqu'au 1er octobre 1862.

Dans les grandes prisons :

Hommes, 990.

Femmes, 187.

Dans les prisons des comtés et des villes :

Hommes, 547.

Femmes, 115.

Total des récidivistes criminels des deux sexes, condamnés à la servitude pénale, 1,839 sur 22,205 criminels condamnés.

Ce qui donne le 15.3 0/0 des hommes condamnés détenus dans les grandes prisons, le 4.8 0/0 des condamnés détenus dans les prisons de comtés et de villes ; et pour les femmes le 15.4 0/0 dans les grandes prisons et le 3.9 0/0 dans les autres.

Nature des crimes et délits qui ont fait révoquer les licences de libération conditionnelle et des condamnations qui ont été prononcées et fait rentrer ces condamnés dans les prisons.

DÉLITS.

Hommes :

Larcin, 704 ; mendicité, vagabondage, 130 ; rébellion contre la police, 34 ; désertion, 18 ; filouterie (*picking pocket*), 32 ; coups et blessures, 128 ; infraction aux lois sur la chasse, 28 ; vols, contraventions, etc., 374, 1,438.

CRIMES.

Meurtre, 2 ; faux et fausse monnaie, 50, vol avec effraction, 106 ; vol qualifié, 43 ; vol avec violence, 16 ; vol sur la grande route, 6 ; coups et blessures graves, 8 ; effraction, vol de bétail, etc., 299 ; incendie, 4 ; rapt, 1,535. Total général, 1,973.

Le nombre des individus des deux sexes condamnés depuis 1854 pour crimes graves a été de 20,796 et pour délits, 103,996. Total, 124,722.

Sur ce nombre 11,128 condamnés ont obtenu des licences de libération conditionnelle, et 2,114 ont été condamnés de nouveau, dont 547 pour crimes graves, et 1,567 pour délits ordinaires, 17 sur 1,000.

L'Écosse n'est pas comprise dans ces chiffres.

Dans ces huit ans et six mois, 926 femmes condamnées ont été libérées conditionnellement et 73 ont été renvoyées en prison pour crimes, délits ou contraventions.

Le nombre des condamnés libérés conditionnellement, ayant laissé dans les prisons un restant de pécule (*gratuity*) à toucher à domicile, a été, pendant huit ans, de 7,843 ; 5,781 ont présenté les certificats nécessaires de magistrats, d'ecclésiastiques et d'autres personnes pour recevoir ce solde ; les autres ont été payés par l'intermédiaire de sociétés de patronage, quelques-uns n'ont pas réclamé.

Sur 2,706 condamnés libérés conditionnellement du 1er janvier 1860 au mois d'août 1862, 1,406 avaient rempli sans interruption les obligations disciplinaires pour obtenir leur libération. Les autres avaient perdu des périodes, mais les avaient regagnées ensuite par leur amendement et leur bonne conduite.

Après avoir examiné ces chiffres, on ne peut donc qu'approuver la proposition de la commission et l'introduction du système de la libération conditionnelle dans la législation du royaume d'Italie. Cet emprunt fait à l'Angleterre, au moment même où des terreurs exagérées semblent le mettre en péril dans ce dernier pays, fait honneur au courage, à la sagesse, à la perspicacité et aux bonnes intentions des membres de la commission de Turin.

En ce qui concerne la question de savoir s'il convient d'admettre les colonies pénitentiaires agricoles comme degré dans l'échelle des peines, la commission n'a pas été d'avis de cette mesure ; elle a voulu conserver sans altération l'économie des Codes et des lois pénales en vigueur sous le rapport de la gradation des peines. Toutefois, la commission, considérant les bons résultats produits par l'établissement et l'expérience du pénitencier agricole de l'île de Pianosa, fondé par la Toscane, et en admettant qu'on pourrait en créer utilement dans les îles de Lampedouze et de Linosa, projets actuellement à l'étude, a proposé d'affecter ces colonies aux jeunes gens, aux enfants ou à ceux des condamnés adultes qui, aux termes de son projet de loi, doivent être exemptés du régime cellulaire absolu, c'est-à-dire les individus âgés de plus de soixante et dix ans, les valétudinaires, les infirmes et ceux prédisposés à l'aliénation mentale. C'est un peu le système de Dartmoor et de Lusk en Angleterre, mais non celui des pénitenciers agricoles en France.

On ne saurait trop apprécier, dans l'intérêt de l'éducation correctionnelle des jeunes détenus, la proposition de la commission (art. 9), d'après laquelle ces enfants peuvent être confiés à des établissements privés, agricoles ou industriels. On pourra ainsi établir en Italie des succursales de notre Mettray (2).

L'institution légale des sociétés de patronage est une excellente mesure. Le patronage est indispensable à la plupart des condamnés, surtout à l'individu pauvre, appartenant aux classes laborieuses, au libéré, qui, sans son bienfaisant secours, se trouve moralement avec une fatale certitude dans cette position décrite par un poëte :

> A peine du limon où le vice m'engage
> J'arrache un pied timide et sort en m'agitant,
> Que l'autre m'y reporte et s'embourbe à l'instant.

Le patronage prévient tous les crimes et les délits que la misère, la faiblesse et la répulsion commune poussent le libéré à commettre.

Une disposition que la commission aurait pu insérer utilement dans son projet de loi, disons-le en passant, est celle qui, d'après le Code pénal de l'Espagne, articles 105 et 106, rend obligatoires pour les condamnés, la restitution et les réparations civiles, au moyen d'un prélèvement fait sur le produit de leur travail en prison. Cette prescription morale manque à la plupart des lois pénales de l'Europe et de l'Amérique, qui, oubliant cet axiome de droit : *Pœna est delictorum satisfactio*, laissent à peu près aux mesures édictées par les lois civiles le soin insuffisant d'indemniser efficacement les personnes lésées par un crime ou un délit (3).

On ne peut qu'approuver complétement toutes les autres solutions de cette commission, moins une qui est capitale, celle par laquelle elle adopte la détention avec l'isolement cellulaire absolu, le système de Philadelphie, pour toutes les peines. Puisque la discussion s'est si largement et si solennellement rouverte sur cette question, que je croyais épuisée, je me permets d'y rentrer en rappelant sommairement, avec les arguments qui combattent le système cellulaire absolu, ce qui s'est accompli à ce sujet dans divers pays de l'Europe et de l'Amérique, et en exposant mon avis sur ce qu'il conviendrait de faire à l'avenir, surtout dans ceux où il n'y avait pas encore de parti définitivement pris sur le système d'emprisonnement qui, disons-le en passant, semble devoir devenir partout la seule peine sous divers noms.

Actuellement voici la situation pénitentiaire en Italie : il y a des bagnes pour les travaux forcés.

Les forçats sont généralement occupés de la manière suivante dans les bagnes de l'Italie. Ils sont employés, à Gênes et à la Spézia, à des travaux de construction navale et de chantier maritime ; — dans l'île de Sardaigne, aux salines, à l'agriculture, à des constructions publiques ou privées ; à Ancône, à l'agrandissement du port et aux ouvrages de fortification ; à Nisida, Procida et Gaëte, à la cordonnerie, au tissage, à la filature du chanvre, à la confection de lits en fer. Les travaux manquent à Port-Ferraro, à Brindes, à Ischia, à San Stefano, à Palerme et à Trapani ; on pense à employer les forçats aux travaux du port de Girgenti, à l'agriculture et aux salines. Mais tous ces travaux des bagnes n'ont ni uniformité, ni régime égal, ce qui serait essentiel pour la pénalité actuelle : c'est ce qui a lieu en France et en Angleterre.

La commission supprime pour les condamnés aux travaux forcés l'obligation de porter la chaîne aux pieds, résultant de l'article 16 du Code pénal italien, et elle supprime en même temps la qualification de *travaux les plus fatigants* appliquée par ce code à ceux auxquels les forçats doivent être astreints. Elle égalise ainsi en réalité les peines subies par tous les condamnés dans le régime cellulaire. La différence pour elle n'est que dans le nom et la durée. Est-ce là un système de pénalité logique, juste et vrai, en rapport avec le plus ou moins de criminalité dans les actes qui ont motivé la condamnation ? Est-ce de la proportionnalité entre les délits et les punitions ?

Quant à la peine de l'emprisonnement à divers degrés criminels, correctionnels ou de police, elle est subie 1° dans de grandes prisons spéciales pour peines ; elles sont situées à Turin, à Milan, à Alexandrie, à Oneille, à Pallanza, à Saluces, à Tempio, à Soria, à Parme, à Narni, à Spoleto, à Castelfranco, à San Giuliano près de Modènes, à Gardi, à Gênes, etc. ; 2° dans les prisons judiciaires et pénales des localités, et les prisons de mandements ou municipales.

L'organisation des prisons pour peines, comme celle des prisons judiciaires ou préventives, n'était applicable, dernièrement encore, qu'aux provinces de l'ancien royaume de Sardaigne et à celles de la Lombardie, de l'Emilie, des Marches et de l'Ombrie. La Toscane et l'ancien royaume de Naples étaient en dehors de cette organisation. Ces prisons judiciaires étaient dans un état déplorable, jusqu'à la publication du dernier règlement.

Ce règlement général pour les prisons judiciaires ou préventives de ces provinces, moins les dernières, a été promulgué dans l'année 1861, et un autre règlement pour les prisons pénales l'a suivi. Ils ont été rédigés par la direction générale des prisons, qui forme une des divisions supérieures du ministère de l'intérieur à Turin.

Le Code pénal de la Toscane de 1853, en voulant faire de la douceur légale, avait été d'une excessive rigueur pénitentiaire. D'après ce Code, les condamnés à l'*ergastolo* (à vie) devaient subir vingt ans d'isolement, les condamnés à *la maison de force* (de trois à vingt ans) et à l'emprisonnement (de un jour à six ans), devaient subir l'isolement pendant toute la durée de la peine, excepté les septuagénaires qui étaient dans tous les cas admis au régime en commun. Un décret du gouvernement provisoire, du 10 janvier 1860, recomposa la gradation des peines, à cause de l'abolition de la peine de mort, et établit le travail en commun : pour les condamnés à l'*ergastolo*, après dix ans d'isolement ; pour les condamnés à *la maison de force*, après la moitié de leur peine, et pour les condamnés à l'emprisonnement pendant toute la durée de leur détention. La commission modifie ses dispositions pénitentiaires dans son projet, ainsi qu'on l'a vu.

En Toscane, les établissements pénitentiaires contiennent 1,000 cellules. La commission estime qu'il faudra en construire 14,500 dans les autres parties du royaume. Elle déduit à cet effet, du chiffre total des condamnés : 1° 1,200 enfants ; 2° 1,500 individus exempts du régime cellulaire dans les grandes maisons de peines ; 3° 5,450 individus condamnés à de courtes peines dans les prisons préventives.

Le chiffre de la dépense que nécessiteraient les constructions de

14,500 cellules est évalué par la commission à 43,500,000 francs, sans compter celle de la construction totale des édifices pénitentiaires où elles seraient établies.

Voici la statistique des prisons en Italie. En 1861, la population des établissements pénitentiaires du royaume était de 49,046 détenus, répartie topographiquement de la manière suivante :

En Lombardie, 2,950 ; dans l'Émilie, 2,700 ; dans la Toscane, 23,116 ; dans l'Ombrie et les Marches, 2,816 ; dans les anciennes provinces du royaume de Sardaigne, 8,165 ; dans les provinces napolitaines, 19,366 ; dans les provinces siciliennes, 6,524. Ce nombre total de 49,046 se subdivise ainsi : bagnes, 11,278 ; prisons pénales et préventives, 37,768. — Dans les provinces napolitaines et siciliennes, les prévenus et les condamnés sont mêlés dans les prisons ; mais dans les prisons de l'ancien royaume de Sardaigne, de la Lombardie, de l'Émilie, de l'Ombrie et des Marches, ils sont séparés. Le chiffre des prévenus est de 11,856, et le chiffre des condamnés, de 7,170. — Dans tout le royaume d'Italie, on évalue le nombre des condamnés à 24,500.

La détention préventive en Italie est encore beaucoup sous l'empire des traditionnelles pratiques judiciaires, même dans les anciennes provinces. On ne saurait trop conseiller au gouvernement si progressif de ce royaume d'imiter l'exemple de l'Angleterre et de la France, et surtout d'emprunter à la nouvelle législation de l'empire les bienfaisantes mesures qui ont pour effet d'abréger considérablement le nombre et la durée des détentions préventives.

<h3 align="center">§ III.</h3>

Après un long examen des théories de la pénalité, des divers modes de l'application des peines ; après de nombreuses visites dans les prisons de presque tous les États de l'Europe, j'en étais arrivé à me demander si le dernier mot de la question pénitentiaire n'avait pas été dit, et si, enfin, les débats du procès du régime cellulaire absolu n'avaient pas été clos par l'opinion publique, tribunal suprême qui juge en dernier ressort les lois pénales et les formes de leur exécution ; je le croyais presque, surtout pour la Péninsule.

J'avais bien appris en Italie que ce débat semblait y encore exister, quoiqu'à peu près éteint ailleurs ; mais je savais que si quelques hommes d'État et plusieurs personnages éminents manifestaient encore une préférence marquée pour le système de l'emprisonnement cellulaire, et de l'isolement des condamnés dans ces prisons pour peines, d'autres, non moins supérieurs, et ayant pour eux la recommandation de l'expérience pratique, se prononçaient pour celui de l'emprisonnement en commun, ou mixte, ou auburnien, applicable à cette catégorie de criminels. Je connaissais et j'appréciais les lois, les actes et les intentions du gouvernement italien, les mesures qu'il avait prises pour parvenir à l'amélioration, au perfectionnement du régime pénitentiaire dans la Péninsule; je savais tout ce qu'il avait fait déjà et ce qu'avaient fait surtout les ministres de l'intérieur et le directeur général des prisons, pour obtenir ce précieux résultat. Après avoir étudié avec soin les questions théoriques et les faits positifs et pratiques, je croyais donc pouvoir me dire avec quelque assurance que la question était définitivement tranchée aussi en Italie, surtout après avoir lu l'excellent règlement des prisons pour peines qui avait été promulgué par les décrets royaux des 13 et 19 janvier 1862, ainsi que le règlement pour les prisons préventives, du 27 janvier 1861, et enfin la loi qui inaugurait à Cagliari le système d'Auburn.

Quel a donc été mon étonnement, en voyant que non-seulement la discussion s'est ranimée sur la théorie, mais que cette question était devenue un fait important et se formulant en une proposition de loi qui consacrerait, en Italie, si elle était adoptée, le système de l'emprisonnement cellulaire, de l'isolement absolu, avec le corollaire obligé de la modification dans la durée des peines. Le rapport de la commission nommée par le décret royal du 16 février 1862, et le projet de loi qui est présenté par elle à la suite de ce rapport, d'ailleurs très-remarquable, me l'ont démontré. En lisant ces documents, on se croirait transporté à vingt ans en arrière, et véritablement il n'est pas possible de rester muet spectateur de cet anachronisme légal, lorsqu'on a pour soi l'expérience et la force des arguments, des faits et des chiffres.

Certainement l'Italie, malgré ses bonnes lois pénales, malgré les efforts de son administration, les œuvres importantes d'amélioration pénitentiaire, malgré son bon vouloir et ses honorables tendances, est encore en grande partie dans une situation qui appelle une grande réforme. Les provinces méridionales surtout, si arriérées en matière de bonne administration, en comparaison de l'ancien royaume de Sardaigne et de la Toscane, ont besoin d'un régime pénitentiaire qui soit au niveau des exigences de la civilisation et qui réponde au but de toute répression pénale, c'est-à-dire l'exemplarité, la punition et l'amendement des condamnés. Ce sont les conditions pratiques de ce régime que recherchent dans ce pays tous les hommes de science, de progrès et d'expérience, parmi lesquels les membres de la commission tiennent un rang si distingué. Mais celui que cette commission propose lui convient-il? Je ne le pense pas.

Un bon système pénitentiaire est celui où, comme dans la législation générale, les peines sont modérées, parce que toujours, ainsi que le dit Montesquieu, « les peines modérées sont les meilleures et les plus efficaces; l'expérience ayant fait remarquer que, dans les pays où les peines sont douces, l'esprit en est frappé comme il l'est ailleurs par les grandes. » Dans ce régime pénal, il y a deux buts à atteindre : la punition du délit et l'amendement du délinquant; ce dernier est presque aussi essentiel et surtout utile que le premier : « On châtie un homme qui a faibli, dit Bossuet, parce qu'on veut lui faire connaître sa faute pour le corriger. » Il faut donc que la peine pousse le détenu à s'amender, afin qu'il arrive, suivant ce vers d'un grand poëte :

A recevoir le bien d'où l'on attend le mal.

Le système de l'isolement absolu et continu ne nous paraît pas atteindre complétement ce but; il constitue une peine très-dure.

Mais produit-il l'amélioration du coupable ?

Sans doute, il faut donner au condamné les moyens de se recueillir et d'éprouver, en méditant sur sa position, ce sentiment si bien défini par Montaigne dans ces paroles : « Le vice laisse, comme un ulcère en la chair, une repentance en l'âme qui toujours s'égratigne et s'ensanglante elle-même. » Il faut donc que l'âme, comme la chair, sente qu'elle a été ulcérée. Ce sentiment ne peut certainement surgir que dans les moments calmes de solitude momentanée. Pour qu'il se manifeste, il n'est pas besoin d'une solitude perpétuelle, qui irrite au lieu d'adoucir, qui exaspère au lieu de faire méditer, qui affaisse l'âme au lieu de lui donner le ressort vivifiant de la réflexion, après l'agitation de la vie commune.

Montesquieu a dit encore : « Il est essentiel que les peines aient de l'harmonie entre elles, parce qu'il est essentiel que l'on évite plutôt un grand crime qu'un moindre, ce qui attaque le plus la société que ce qui la choque moins. » — Or, dans l'emprisonnement avec isolement absolu pour toutes les peines, l'harmonie disparaît. Il ajoute : « Il serait aisé de prouver que, dans tous ou presque tous les États d'Europe, les peines ont diminué ou augmenté à mesure qu'on s'est plus approché ou éloigné de la liberté. » — Or, l'Italie est un État glorieusement libre, il ne doit donc pas aller à contre-sens de sa liberté, en aggravant les peines dans son Code, et certes, l'isolement est une aggravation de la prison, surtout lorsque l'emprisonnement est de longue durée. « *Quis tam crudeles optavit sumere pœnas!* »

La question capitale du régime pénitentiaire, c'est-à-dire celle de l'emprisonnement cellulaire, du système d'isolement des condamnés (je ne parle pas des prévenus, pour lesquels il est utile), ou de leur détention en commun, est agitée depuis cinquante ans, et on la croyait résolue définitivement partout. L'Angleterre et les États-Unis d'Amérique s'en sont longtemps préoccupés ; la France l'a discutée à son tour avec vivacité ; l'Allemagne, la Suisse, la Belgique, l'ont appliquée en sens divers. Maintenant, elle est à l'ordre du jour en Italie.

L'Espagne paraît disposée aussi à adopter le système de l'isolement continu dans les grandes prisons pour peines. Son administration s'occupe depuis quelque temps de faire rédiger des plans de pénitenciers cellulaires, dans le genre de celui dont le projet avait été fait par l'architecte Blouet, ancien inspecteur général des prisons. On peut lui adresser les mêmes observations.

Je ne veux pourtant pas recommencer ici la discussion tant de fois agitée sur les divers systèmes pénitentiaires, ni plaider à fond les inconvénients, les dangers, ou les avantages de l'un ou de l'autre: la cause est entendue, comme on dit au Palais, le sujet a été épuisé ; je rappellerai seulement quelques-uns des principaux motifs qui ont pu exercer le plus d'influence sur les esprits impartiaux et pratiques. D'ailleurs les primitifs systèmes d'isolement absolu de Cherry-Hill et de l'ancien Pentonville ne sont plus que des ombres d'eux-mêmes.

§ IV.

Les opinions opposées se sont produites avec trop d'éclat ; elles ont été soutenues, de part et d'autre, par trop de convictions et de talents ; on a présenté à leur appui trop d'arguments sérieux pour qu'il soit utile de rentrer à fond dans ce débat, car l'expérience a parlé plus haut encore que les orateurs et les publicistes.

Cette expérience a décidé des États qui s'étaient le plus sérieusement passionnés pour le régime cellulaire absolu, à l'abandonner ou à peu près. C'est un fait positif ; il est des plus graves et des plus concluants ; en voici la preuve.

Commençons par l'Angleterre. On a renoncé, dans ce pays, aux rigueurs, aux précautions, aux fantaisies jadis si minutieuses de ce régime, et on n'en a conservé que ce qu'il faut pour préparer et assurer, autant que possible, l'amendement du coupable, en constatant sa réalité. Aujourd'hui, le régime cellulaire n'est plus employé en Angleterre comme peine, comme mode de subir la peine, mais seulement comme épreuve, *probation*.

En visitant dernièrement encore la célèbre prison de Pentonville, pour laquelle le génie anglais avait épuisé tous ses efforts dans le but de rechercher et d'appliquer les ressources les plus minutieuses du système d'isolement, j'ai reconnu que toutes ces recherches et ces expériences avaient abouti à reconnaître leur inutilité et à déterminer l'abandon véritable des exagérations de ce système.

A Pentonville, maintenant, on est entré dans une voie plus simple, plus naturelle, en laissant de côté les minuties quintescenciées du régime d'isolement et même la plus grande partie de ce régime. Le masque à visière baissée, qui était présumé empêcher les prisonniers de se reconnaître, a été supprimé. Pourquoi ? Parce que, me disait l'un des principaux directeurs, les prisonniers se reconnaissaient, communiquaient malgré le masque; ils l'avouaient eux-mêmes. La promenade s'y fait en commun dans de vastes préaux, en silence, il est vrai, mais où les prisonniers, à cinq ou six pas l'un de l'autre, se voient et peuvent s'entendre. La chapelle cellulaire a été remplacée par une chapelle ordinaire, où tous les détenus sont réunis et assis sur des bancs côte à côte pour assister à l'office divin. Le travail a bien lieu pour la plupart en cellule, mais une certaine partie de ces travaux industriels est exécutée dans des salles communes sous la surveillance des gardiens; c'est en définitive un demi-système d'Auburn, ce n'est plus l'isolement entier. Ce qui est resté de l'ancien Pentonville, c'est un ordre parfait, une discipline sévère, un régime alimentaire excellent, un soin moral et religieux complet, une propreté phénoménale, et, comme résultat, un amendement tout aussi considérable des condamnés, pendant la période d'épreuve qu'ils y passent sous l'action du nouveau régime.

Cette période est de neuf mois, après laquelle ils sont envoyés aux travaux publics ou communs, pour de là être transportés à la colonie de l'Australie occidentale ou rester soumis à la *servitude pénale* en Angleterre, à Gibraltar ou aux Bermudes, ou enfin être libérés conditionnellement dans une proportion de temps relatif à celui de la totalité de leur peine.

Je pense que la commission, en proposant le système de l'isolement absolu, le régime cellulaire dans toute sa pureté, n'a pas eu une complète connaissance de ce qui se pratique en Angleterre à ce sujet. Elle paraît d'ailleurs n'avoir consulté, pour établir ses opinions et motiver son rapport, que les documents et les auteurs favorables à son système préféré. Eux seuls figurent dans ses citations; il eût été plus impartial et plus persuasif de citer aussi ses adversaires.

J'ai sous les yeux les règlements qui ont été établis pour cet objet dans les grandes prisons de l'Angleterre, et notamment dans celles de Pentonville; je crois utile de les joindre ici pour bien exposer et faire comprendre le système pénitentiaire actuellement en vigueur dans la Grande-Bretagne. Ces règlements ont été affichés dans ces prisons, et connaissance en a été donnée à tous les condamnés. En voici le texte :

« La transportation pour certains crimes et délits (*offense*) ayant été abolie par acte du Parlement, et certaines périodes d'emprisonnement d'une durée plus courte, sous le nom de servitude pénale, ayant été substituées aux condamnations à la transportation pour sept et dix ans, qui étaient ordinairement prononcées, il ne sera accordé, comme règle générale, aucune abréviation du temps de la servitude pénale, la durée de la détention en place d'une plus longue durée de la transportation ayant été fixée par la loi. Le secrétaire d'État pourra être mis à même de prendre en considération la position de tel condamné dont la conduite serait l'objet d'une recommandation spéciale. Le secrétaire d'État désire également, comme règle générale, qu'il soit accordé des encouragements à la bonne conduite par l'établissement de divers degrés dans la discipline, à chacun desquels des priviléges spéciaux soient attachés.

» Les condamnés se conduisant bien et travaillant avec soin, pourront obtenir ces encouragements.

» Ainsi actuellement, tous les condamnés à la servitude pénale seront soumis à l'emprisonnement cellulaire (*separate confinement*), suivi de l'application aux travaux publics. Les condamnés à la transportation, tant qu'ils resteront dans le pays, seront soumis au même régime.

» *Emprisonnement cellulaire.* — 1° Tous les condamnés seront détenus isolément pendant une période de neuf mois, à partir de la date de leur entrée dans une prison du gouvernement.

» 2° Tout condamné qui, durant une détention de six mois dans la prison, aura tenu une conduite satisfaisante, sera autorisé à recevoir une médaille qui lui donnera le droit de recevoir une visite de ses amis. Une seconde médaille, avec privilége d'une seconde visite, lui sera accordée, si sa bonne conduite continue, à la fin de ses trois derniers mois d'isolement.

» 3° Les condamnés portant des médailles seront recommandés pour recevoir une indemnité qui sera placée à leur masse de réserve, conformément au tarif fixé par le secrétaire d'État.

» 4° Dans le cas où le condamné serait privé de sa médaille pour mauvaise conduite, il perdra en même temps tous les avantages qui y sont attachés, y compris l'indemnité qui lui avait été accordée, s'il en est ordonné ainsi ; mais il pourra regagner cette médaille après deux mois, sur la recommandation du gouverneur et du chapelain de la prison.

» 5° Lorsque les condamnés passeront de l'isolement aux travaux publics, ils seront placés dans la première, la seconde ou la troisième classe, selon leur conduite, leur instruction et leur travail. Cette classification aura son effet dans les degrés successifs de leur servitude pénale.

» 6° Les condamnés incorrigibles seront soumis à un régime spécial.

» *Travaux publics.* — Au moment où un condamné sera reçu aux travaux publics, le restant de la durée de sa peine, en comptant douze mois depuis sa condamnation, sera divisé en quatre parties ou degrés de discipline, toute semaine ou tout mois impair étant compté dans la première période. Les condamnés seront, dans le premier degré de la servitude pénale aux travaux publics, soumis à la discipline ordinaire de la prison et divisés, selon l'usage, en trois classes.

» Dans le second degré, ils pourront être autorisés à écrire et recevoir des lettres, et recevoir des visites après un mois. Ils pourront obtenir aussi une augmentation de 6 pence (60 centimes) sur l'indemnité hebdomadaire qui leur aura été fixée ; ils porteront une médaille indiquant ce degré.

» Dans le troisième, comprenant la troisième partie du temps de leur peine, les condamnés auront la faculté d'écrire et recevoir des lettres, d'avoir des visites chaque mois. Ils obtiendront une augmentation de 3 pence (30 centimes), faisant en tout 9 pence (90 centimes) d'augmentation totale sur leur indemnité. Ils recevront des aliments additionnels le dimanche, y compris une demi-pinte de bière. On pourra aussi substituer du thé au gruau pour leur souper ; ils porteront une médaille indiquant ce degré.

» Dans le quatrième degré, comprenant le dernier quartier de leur peine, les condamnés recevront un autre supplément d'indemnité de 3 pence (30 centimes), soit en totalité 1 shilling d'augmentation par semaine en sus de l'indemnité ordinaire ; il leur sera permis d'avoir une nourriture variée. Ils pourront avoir de la lumière dans leur cellule une heure de plus que ne le permettent les règlements généraux. Ils porteront un costume différent de ceux des autres détenus.

» Si les renseignements reçus sur la conduite des condamnés pendant leur emprisonnement isolé, ou si leur conduite aux travaux publics ne sont pas satisfaisants, ou si la conduite est seulement modérément bonne, leur passage d'un degré à l'autre sera proportionnellement retardé, et ils pourront, pour mauvaise conduite, rétrograder dans l'un ou plusieurs des degrés précédents. »

Voici les règles disciplinaires auxquelles sont soumis les détenus de la classe pénale dans la prison de Millbank : Ils doivent être appliqués au travail du *treadwell,* de 9 heures et demie du matin à midi, de 2 heures et demie de l'après-midi à 5 heures et demie au plus ; — ils sont mis à ce travail de la roue pendant quinze minutes, et en repos dix minutes ; — ils sont astreints au silence pendant cette occupation ; quand ils sont au repos, ils peuvent lire un livre. Ceux qui sont spécialement recommandés pour leur conduite exemplaire, après trois mois, peuvent, par ordre du directeur, être dispensés de la moitié du travail, et de la totalité après six mois ; ils doivent être appliqués à un autre genre de travail. Dans le cas de cette dispense, ils sont tenus enfermés dans leur cellule pendant trois mois. — S'ils sont spécialement recommandés par le directeur, ils sont traités selon les règlements appliqués aux prisonniers ordinaires; ils reçoivent une médaille, etc. Le directeur a le pouvoir de punir les détenus de la classe pénale qui commettent des infractions aux règles de la prison, et de leur infliger une punition qui ne dépasse pas sept jours, au lieu de la limite de trois jours précédemment fixée.

Les cas de punitions corporelles sont assez rares à Millbank ; nous n'en trouvons que six dans une année, sur 2,461 détenus qui y sont passés, et nous y comptons 1,443 faibles punitions disciplinaires pour fautes légères.

Peut-on appeler cela le système cellulaire, le système de l'isolement absolu ? La commission n'a pu le penser. En outre, un de ses membres dissidents, M. Minghelli-Vaini, lui avait fait connaître quels étaient les pays où cet isolement pénal avait été aboli ou n'avait pas été adopté, ou n'était que temporaire, mesure d'épreuve et de précaution.

Ainsi, à Jersey (Amérique), il a été supprimé ; ainsi, dans d'autres États de ce pays, les condamnés travaillent en commun, même extérieurement ; ainsi, dans les Pays-Bas et en Prusse, il n'est qu'une épreuve ; ainsi, en Belgique, où les deux systèmes sont en vigueur, il ne serait, s'il était adopté, qu'une mesure que l'administration pourrait faire cesser. Ainsi il en sera partout où le régime ancien de Philadelphie a été expérimenté avec prudence, sang-froid et sans esprit de système ou de parti pris.

Comment peut-on donc penser à l'adopter dans les pays où il convient le moins aux populations et à recueillir ainsi cette épave délaissée dans le naufrage de la cellule par les nations au caractère desquels il paraissait le plus convenir? On ne s'expliquerait pas l'anomalie de cette préférence, si on ne savait que les théories ne se laissent presque jamais convaincre par la pratique, et que les idées préconçues ne cèdent pas volontairement et ne s'inclinent pas même devant les faits les plus avérés. C'est ce qui me paraît se réaliser en Italie, où on pense encore maintenant à établir des prisons cellulaires pour les condamnés, sans prévoir que, si on met cette pensée à exécution, on sera forcé d'y renoncer dans un temps donné, à l'exemple de l'Angleterre, des États-Unis et de la France.

En France, dont la commission me paraît aussi ne pas complétement apprécier le système pénitentiaire, comme je l'expliquerai tout à l'heure, ce système n'a jamais été populaire ; il était adopté avec ferveur par une école et il était repoussé par la majorité de l'opinion publique, qui a vu avec satisfaction l'administration adopter le système mixte : c'est un milieu entre les extrêmes. En voici la preuve que je donne en citant le programme que l'administration a adopté pour la construction et l'appropriation des maisons d'arrêt, de justice et de correction, dites prisons départementales.

Dans toutes, outre les quartiers en commun, il doit y avoir des chambres individuelles ou cellules ainsi établies et pour l'usage indiqué.

Chambres individuelles. — Les chambres individuelles sont destinées à recevoir :

1° Les enfants détenus par voie de corrections paternelles ;

2° Les prisonniers au secret ;

3° Les détenus qui seraient l'objet de mesures exceptionnelles ou qu'il y aurait nécessité ou convenance de séparer.

Elle doivent avoir en hauteur 3 mètres ; en profondeur, 4 mètres ; en largeur, 2m,25. Le nombre de ces chambres individuelles sera de deux dixièmes au moins de la population moyenne de la prison. Elles seront, autant que possible, réunies sur un même point, pour chaque sexe, afin que la surveillance en soit mieux assurée.

Un même préau peut successivement servir aux besoins de la promenade, pour les détenus renfermés dans les chambres communes et dans les chambres individuelles.

Une ou plusieurs des chambres individuelles doivent être construites dans les conditions de solidité et de sûreté nécessaires pour isoler les détenus dangereux et servir de lieu de punition. On se conformera, à ce sujet, aux prescriptions du programme arrêté pour la construction des quartiers cellulaires dans les maisons centrales. Les lieux de punition sont mieux placés à l'extrémité qu'au centre des quartiers.

Dans les maisons centrales de force et de correction, des quartiers spécialement cellulaires sont établis dans le but de séquestrer les condamnés incorrigibles et dangereux. Voici le programme pour la construction de ces quartiers d'isolement.

Dispositions générales. — 1° Les quartiers cellulaires étant exclusivement destinés à recevoir les condamnés qu'il est nécessaire d'isoler du reste de la population de la maison, pour des motifs de discipline, on aura soin de choisir de préférence, pour leur emplacement, le point le plus éloigné des locaux habités par l'ensemble des détenus.

2° Le nombre des cellules sera, au minimum, de 3 0/0 de la population réglementaire de l'établissement.

3° On disposera, dans le quartier, des cellules obscures et sourdes, avec double porte, double volet, etc. Elles seront dans la proportion du deuxième environ du nombre des cellules.

4° Les cellules du rez-de-chaussée devront être préservées de l'humidité.

5° Il sera établi un couloir ou une galerie de surveillance, parallèlement au rang des cellules, quelle que soit la disposition générale que les localités permettront d'adopter ; le couloir montera de fond, s'il y a des étages.

6° Les condamnés devant se promener isolément, le projet comprendra un préau pour dix cellules environ ; ces préaux auront leur entrée aboutissant, autant que possible, à un point central.

7° Le quartier comprendra un corps de garde pour deux gardiens, au moins.

8° Il comprendra également deux pièces suffisantes pour le dépôt des ustensiles de service, objets de literie, vestiaire, lingerie, etç.

Dispositions particulières. — 1° Chaque pièce aura 4 mètres de longueur ; 2^m,25 de largeur ; 3 mètres de hauteur.

Les murs séparatifs seront pleins, d'une épaisseur de 40 à 50 centimètres, revêtement compris.

La porte sera pleine, avec fermeture extérieure ; guichet carré de 25 centimètres de côté et regard.

La fenêtre, pratiquée à 2 mètres du sol, sera garnie extérieurement de barreaux, et, à l'extérieur, d'un grillage à mailles de 10 centimètres de côté ; la fenêtre aura 1 mètre de largeur et 80 centimètres de hauteur ; elle sera fermée sur son axe horizontal.

Le sol et les parois de la cellule seront revêtus de planches assemblées à rainures ; le plafond sera voûté.

2° Il sera établi un lit composé d'un cadre en fer, avec fond en treillis, devant se relever contre la muraille.

3° Il sera pratiqué, dans le mur du couloir de surveillance et au niveau du sol, un orifice destiné à recevoir et à passer le vase servant aux nécessités du détenu. Ce vase sera en zinc, avec fermeture hydraulique. L'orifice pratiqué dans le mur se fermera intérieurement, au moyen de deux portes à coulisse.

4° Le projet comprendra l'indication des moyens à prendre pour chauffer les cellules à un degré suffisant pour que le condamné ne souffre pas du froid.

5° Il sera établi, dans chaque préau, un baquet d'aisances, entouré d'une cloison de la hauteur de 1^m,20, isolé des murs ; il sera établi, en outre, pour préserver le détenu de la pluie et du soleil, un abri avec un dé en pierre.

L'entrée de chaque préau sera munie d'une porte à claire-voie et d'un volet à charnières, destiné à intercepter la vue au moment de l'introduction ou de la sortie des détenus.

Après avoir pris connaissance de ces prévisions tutélaires de la discipline, on ne peut donc pas dire que le système pénitentiaire français, quoique avec la communauté pour base, ne prévoit pas les besoins de l'isolement. Il répond à ces exigences par les dispositions que je viens de rappeler et qui réunissent avantageusement en un seul les conditions bien combinées des deux systèmes.

Après la loi du 14 février 1862, qui essayait le système d'Auburn à Cagliari, le règlement italien de janvier 1862 paraissait être entré heureusement dans cette voie mixte et avoir organisé définitivement la détention en Italie, moins les deux mesures du système français que je viens d'indiquer. Il avait établi avec une sagesse parfaite les conditions de la détention en commun après un isolement préliminaire de quelques jours voulu par ses articles 238, 239 et 240.

Il est à observer toutefois que, d'après l'article 315, les individus condamnés par les tribunaux de la Toscane, qui en conformité du Code pénal de ce pays, devaient subir leur peine dans un isolement absolu, auraient continué d'être soumis à ce régime cellulaire. C'était une concession.

Faut-il maintenant faire de cette exception la règle générale ? Faut-il en Italie mettre en exécution un système qu'abandonnent les contrées où il a été le plus en vogue, le plus vanté, le plus accepté ; où on le représentait comme le plus efficace moyen pour l'amélioration et l'amendement des criminels, but principal de la répression pénale et de la discipline pénitentiaire ? Je ne le pense pas, et voici les motifs généraux sur lesquels je fonde mon opinion, ils ne sont pas nouveaux.

§ V.

La principale, la plus concluante des raisons qui doivent nous influencer, c'est l'expérience du système cellulaire, qui n'a produit aucun des résultats tant préconisés qu'on en attendait. On disait que l'emprisonnement individuel agissait tellement sur le moral des condamnés, qu'ils sortiraient nécessairement meilleurs de la prison après l'expiration de leur peine. Qu'a-t-on vu dans les pays où il fonctionnait ? Non-seulement la criminalité n'a pas diminué, mais elle a augmenté et les récidives ont suivi ce mouvement ascendant. Les statistiques le prouvent irréfragablement. Elles ont des chiffres tellement inexorables contre les théories, que malgré leur prestige elles ont battu ces théories et ont forcé les gouvernements de revenir à leur application. Voyez l'Angleterre, la France et l'Amérique du Nord.

C'est une erreur de croire que la solitude rend meilleurs les carac-
tères mauvais et corrige les instincts vicieux ou criminels. L'homme
méchant livré à ses pensées, isolé de tout, devient plus méchant
encore par l'irritation ou par la réflexion. La solitude absolue est
contraire, on le sait, aux lois de Dieu et de la nature, aux instincts
de l'humanité et surtout aux nécessités du caractère méridional. Un
homme condamné à être continuellement seul en prison dans une
cellule de 3 mètres de longueur sur 2 mètres de large, véritable cachot perfectionné par la science, ne peut y vivre.

Dans les prisons, comme partout où il y a des êtres humains, il
faut des récompenses pour la bonne conduite, comme il faut des
punitions pour la mauvaise ; et notez bien que, d'après l'observation
d'un philosophe moraliste, les hommes font plus pour obtenir un
plaisir que pour éviter une douleur ; or, quelle récompense, quelle
satisfaction, quel bien rémunératoire pouvez-vous donner à un individu plongé dans une solitude continuelle dont vous ne pouvez changer aucune des conditions ? Une des bases essentielles d'une bonne
discipline vous manque, précisément à cause de l'uniformité consti-
tutive de la peine.

Il convient de rappeler à ce sujet l'opinion si prépondérante de
M. Elam-Linds, ancien directeur d'Auburn : « Si vous renfermez dans
une cellule un homme condamné pour crime, vous n'avez aucun con-
trôle sur sa personne, vous agissez seulement sur son corps. Au lieu
de cela, mettez-le au travail et forcez-le de faire ce qui lui est ordonné ;
vous lui apprenez à obéir et lui donnez des habitudes laborieuses. »

Cela est parfaitement exact. Avec la cellule continue il vous faudra
renoncer à juger ces hommes, bien convaincu que là, selon l'expres-
sion de Jean-Jacques Rousseau, l'obscur labyrinthe de leur cœur est
impénétrable.

On a si bien senti l'impossibilité de cette séparation complète et
perpétuelle du condamné d'avec les autres hommes, qu'on a cherché
une atténuation à cette claustration dans la multiplicité des visites
qui doivent ou peuvent être faites aux condamnés dans le régime
cellulaire. Tous les défenseurs de ce système ont insisté sur l'impor-
tance de cette atténuation et ont ainsi diminué eux-mêmes la valeur
des principes de l'emprisonnement individuel. Les commissions ont
toutes émis le vœu de voir augmenter les visites des aumôniers, des
gardiens et des membres d'associations charitables et libres, créées
dans ce but. « Le seul remède, disent les rapporteurs, nous l'avons
indiqué : c'est la fréquence des visites. » Il faut avouer que si le régime
de l'isolement était bon en lui-même, ce ne serait pas en diminuant
sa stricte observation, en ne laissant à la cellule que ce qu'elle a
d'inutile, qu'on arriverait à le rendre efficace et à prouver son excel-

lence. Puis sait-on ce que peuvent être ces visites ? Supposons une prison qui contienne 400 condamnés. Quelques personnes peuvent les visiter : le directeur, l'aumônier, le médecin des membres de la commission de surveillance. Si le directeur veut voir chacun des détenus cinq minutes seulement tous les jours, il lui faut consacrer 2,000 minutes à ces visites, soit 32 heures. — Comment fera-t-il pour donner le temps nécessaire aux autres attributions et devoirs de ses fonctions, s'il faut voir chaque prisonnier au moins tous les trois jours ? — L'aumônier pourra, tout au plus, leur donner le même espace de temps. Le médecin ne pourra pas donner la moitié de ces 5 minutes, et il en sera de même du charitable membre de la commission de surveillance. Ainsi, voilà au plus 15 minutes de communication par trois jours entre le prévenu et un être vivant. Que peut-il dire en un quart d'heure partagé entre plusieurs personnes ? Quelle sympathie peut-on exciter dans son âme pendant ces courtes apparitions ? Tout cela est illusoire; multipliez ces visites pour 1,000 prisonniers et vous verrez ce qu'elles peuvent produire.

La peine cellulaire, l'emprisonnement individuel, l'isolement continu du prisonnier, renversent toute l'économie des codes. Les peines deviennent toutes égales ; le temps seul les rend différentes : le plus mince délit est puni comme le plus atroce des crimes. Cette belle et si éminemment équitable, si morale et si naturelle gradation des peines, que le législateur avait établie d'après les lois éternelles de la justice divine et humaine et l'expérience des siècles, disparaît dans une commune égalité de la geôle individuelle. Avec cette règle, tous les condamnés sont perpétuellement au secret ; car on ne peut considérer comme des communications avec la vie ordinaire, ces rares et insignifiants entretiens officiels, ces apparitions rapides, ces courtes visites, qu'ils peuvent recevoir dans leur cellule, et que, dans la vie pratique et réelle des prisons cellulaires, ils reçoivent à peine, sans sympathie et sans résultats.

L'exercice réel, véritable, sérieux; influent du culte, c'est-à-dire de la religion rendue visible, agissant sur l'âme par l'intermédiaire des sens, est impossible, inconciliable avec le régime cellulaire de Philadelphie.

Ne faut-il pas à l'homme l'action électrique, communicative, de ce magnifique spectacle de la célébration des divins mystères, même avec la pompe sévère de la prison, pour en ressentir les effets intérieurs ? Dans ce régime cellulaire, plus de chaire réelle d'où le ministre de la religion puisse faire descendre pour tous la parole de l'Évangile, terrible pour les méchants, bienfaisante pour ceux qui se repentent et qui veulent redevenir bons. C'est une religion muette et glaciale.

On peut répondre que l'on avait si bien senti cette nécessité, même dans le culte plus froid, plus immatériel, de la religion protestante, qu'en Angleterre, à la prison de Pentonville, la recherche ingénieuse et raffinée de la science pénitentiaire, voulant appliquer dans toute son extension le système absolu et continu d'isolement, avait transporté la cellule dans la chapelle, après avoir reconnu l'indispensable besoin d'y conduire le détenu. Dans ce système de chapelle en éventail, chaque prisonnier arrivait à son tour mené par un gardien ; il entrait dans sa loge, plaçait son numéro au devant, et il en fermait la porte sur lui ; ils se suivaient tous ainsi, jusqu'au dernier, invisibles l'un à l'autre, visibles tous pour le prêtre et les gardiens. C'est fort ingénieux, sans doute ; c'est un palliatif ; cela vaut mieux que le culte des établissements cellulaires absolus ; mais, comme exercice de la religion, cela est incomplet. D'ailleurs, ces dispositions pour les chapelles des prisons exigent une augmentation de dépense très considérable ; d'ailleurs aussi on y a renoncé à Pentonville.

Cependant il importe, il est indispensable de donner, dans un intérêt social, le frein de la religion pratique au prisonnier, et on ne peut refuser au détenu, au prévenu comme au condamné, les consolations religieuses du culte ; c'est un devoir sacré pour l'administration de leur en faciliter l'accès, devoir dont, il faut hautement le reconnaître, elle s'est toujours scrupuleusement acquittée en Italie. L'administration ne le remplirait pas complétement si elle ne leur offrait qu'un semblant de culte au lieu du service religieux dans sa vérité entière.

Le travail est une des bases les plus essentielles d'un bon régime pénitentiaire. Donner de l'occupation, du travail aux détenus, organiser et alimenter le travail dans les prisons, est l'une des premières obligations de l'administration. Il est non-seulement moral, pénitentiaire, mais humain et charitable, de fournir au prisonnier les moyens de s'occuper, d'apprendre un état qui, après sa détention, lui donnera les moyens de gagner sa vie et d'échapper ainsi aux incitations du crime.

Nous ne connaissons rien de plus affreux, de plus douloureux à voir que l'inactivité du détenu restant les longues heures de la journée dans une inoccupation abrutissante et n'employant ce temps donné à l'homme par la Providence pour l'utiliser à son profit et à l'avantage de tous, qu'à des réflexions criminelles ou déchirantes. Il faut donc que le détenu travaille. Or, malgré tout ce que les théoriciens du système cellulaire absolu disent, le travail est presque nul dans la cellule. Pour être véritable et profitable, il faut que le travail ait lieu en commun, dans les ateliers, comme cela se fait dans la vie ordinaire du système mixte et de celui d'Auburn.

D'ailleurs, pour enseigner un état, un métier, un travail utile aux détenus qui arrivent en prison avec l'ignorance de la paresse, il faut leur faire faire un apprentissage, il faut qu'il y ait des apprentis comme il y en a, comme on en fait dans les maisons centrales de France et d'Italie où le travail est sérieusement organisé. Or, avec la cellule, il n'y a pas d'apprentissages, pas d'apprentis possibles, ou bien ce n'est plus la cellule si les maîtres s'y introduisent.

Le régime moral des prisons doit naturellement comprendre l'instruction élémentaire. On a placé un instituteur dans tous les établissements pénitentiaires ; c'est un de ses fonctionnaires. Or quel problème difficile, presque impossible à résoudre, serait l'enseignement scolaire avec le régime de l'emprisonnement individuel ! Comment apprendre à lire à un détenu qui ne le sait pas ? Comment lui enseigner au tableau les plus simples et les plus nécessaires opérations de l'arithmétique ? Comment le faire écrire d'une manière profitable, s'il est enfermé dans une cellule absolue, s'il n'a ni les moyens de l'exemple, de l'émulation, ni la communication de la science par les moniteurs d'un enseignement mutuel ? L'instruction n'est réellement possible que dans le régime en commun ou auburnien, et avec l'école telle qu'elle est organisée dans les grands établissements pour peines.

L'emprisonnement individuel avec son immobilité forcée, son peu d'air respirable, le froid ou le chaud dans la cellule, les tortures du corps combinées avec les peines de l'âme, est l'agent le plus puissant pour détériorer la plus robuste santé du détenu. Ici tous les raisonnements imaginables, toutes les recherches américaines, tous les chiffres groupés ne peuvent rien contre les démonstrations expérimentales de la vie et contre le bon sens de l'hygiène. Jamais on ne fera comprendre à un homme d'expérience que la santé puisse être conservée inaltérée chez le prisonnier enfermé immobile en cellule, bien ou mal, trop ou trop peu aérée, pendant vingt-trois heures, et n'ayant qu'une heure pour tourner seul entre les murs d'un promenoir individuel. Nous n'insistons pas sur ce point, il est trop évident.

On a reconnu les inconvénients de ce régime pour la santé ; on a reconnu que les plaintes et réclamations d'un certain nombre de détenus, relativement à l'influence de l'encellulement sur leur santé, étaient fondées.

Soutenir que la santé ne s'altère pas par l'encellulement, c'est soutenir l'impossible. Il est vrai que la cellule fait disparaître quelques maladies de communauté et de corruption ; mais on a constaté généralement que la stricte et sévère discipline donnait le même résultat particulier sans produire le même inconvénient général. Pour sauver quelques détenus de ces maladies par la cellule, il ne faut pas les soumettre tous aux chances presque inévitables, provenant surtout d'un long séjour dans les prisons, des maladies qui résultent de l'encellulement pénal.

Voici une preuve à l'appui de ce que je viens de dire :

Un rapport officiel sur les effets de l'emprisonnement cellulaire dans la prison de Pentonville, confirmé par un autre rapport médical de la prison de Brixton, constate des faits physiques qui offrent un puissant intérêt à la science et à l'administration. « Pendant cet emprisonnement isolé, dit le rapporteur, il se fait chez le détenu une grande déperdition des forces vitales. Dans les sujets robustes et en bonne santé, la nature fait un effort pour compenser cette perte par une augmentation d'appétit. Si le régime ne répond pas à cette faim, la santé matérielle ou mentale souffre. Les constitutions fortes luttent avec énergie, dans la première année de leur détention, pour contrebalancer cette dépression des forces ou le choc donné aux facultés mentales. La pression d'une pensée continue et fixe semble épuiser ces forces autant que le travail. Cependant, quelques détenus paraissent trouver du soulagement dans l'absence d'excitation. Les individus habitués à la boisson ont une terrible lutte à soutenir ; plusieurs s'affaissent et meurent ; quelques-uns recouvrent à la fois les forces toniques de leur estomac et parviennent à digérer les aliments solides. Vers la fin d'un long emprisonnement de dix-huit mois, l'appétit du détenu commence généralement à s'abattre ; le corps prend un aspect de faiblesse, et l'organisation devient nerveuse. L'ouverture soudaine de la cellule lui cause une agitation vague. Cet emprisonnement isolé attaque d'une manière particulière, et jusqu'à un certain point inexplicable, l'organisme corporel, et agit longtemps après la sortie de la cellule. Il produit des attaques convulsives d'épilepsie ou d'hystérisme, ainsi qu'on l'a constaté à bord des vaisseaux où des condamnés avaient été embarqués pour la transportation : sur ces mêmes vaisseaux on n'observait rien de ces phénomènes chez les détenus provenant de l'emprisonnement en commun. C'est évidemment la durée de l'isolement cellulaire qui les produit, car des condamnés qui n'avaient passé que douze mois à Pentonville, et qui avaient été embarqués, en étaient exempts. La mise en commun des détenus relève quelquefois les forces des condamnés après une certaine durée de l'emprisonnement solitaire, et ainsi les cas de maladies nerveuses sont devenus rares dans ces derniers temps. » Le même rapport établit que les cas de maladie mentale et de folie, qui se manifestent quelquefois, ont été non causés, mais activés par l'emprisonnement cellulaire indéfini. Le rapporteur est également d'avis que l'efficacité morale de cet emprisonnement, tout en étant généralement réelle, a été pourtant exagérée, *unduly extolled*. C'est ce qu'a compris le gouvernement anglais en l'abrégeant.

Parmi les maladies qu'engendre la cellule, surtout quand la peine est longue (et que serait-ce, si elle était très-longue?), la plus terrible et la plus congéniale avec ce régime, si on peut ainsi dire, c'est la folie. On s'est donné une peine énorme, on a fait des efforts de science et de statistique indicibles pour prouver que la détention isolée ne rendait pas plus fou que la détention en commun. On n'a ni démontré, ni convaincu.

Quand la société et la justice humaine confient à l'administration un prisonnier pour le garder, elles ne veulent pas, en lui enlevant la liberté, qu'on lui ôte aussi l'intelligence et la raison, don sacré de Dieu, qu'on ne peut arracher à sa créature que par un crime plus grand encore que le simple homicide corporel. La commission l'a compris, et elle a exempté de l'isolement les condamnés ayant des tendances à l'aliénation mentale. Mais ces tendances pourraient ne pas exister d'abord, et la folie, préparée par la cellule, peut se manifester tout d'un coup. Le mieux est de ne pas l'exposer à cette affreuse éventualité.

L'expérience a prouvé que, dans les prisons cellulaires, il y a plus de suicides que dans les prisons en commun. Ici encore, on s'est donné beaucoup de peine pour nier, pour arranger et déguiser la vérité. Ce mode d'argumenter ne convient pas à une commission sérieuse, éclairée et de bonne foi.

Cela est arrivé, malgré les recherches les plus minutieuses pour retirer aux détenus les moyens de se suicider, poussés jusqu'à faire enlever les cordons qui servent à lever leur lit ou à ouvrir et fermer le vasistas de la fenêtre de leur cellule. Il est d'ailleurs évident, pour tous les hommes de bonne foi, que le prisonnier, voyant fermer sur lui la porte ferrée de sa cellule, cachot éclairé, mais cachot, livré à ses réflexions, seul avec lui-même, en face de sa conscience, de sa faute, avec la certitude de la peine et de l'infamie, peine morale plus terrible encore pour ceux qui ne sont pas encore tout à fait corrompus, sans distraction qui l'arrache à son affreux désespoir, doit avoir plus de tendance à mourir que s'il n'était pas seul.

Enfin, dans le régime commun, le détenu, sans cesse surveillé, même par ses compagnons de captivité, ne peut facilement exécuter son fatal dessein, s'il le conçoit. Dans le régime cellulaire, avec le remède illusoire des visites, comme cela est démontré par l'expérience, il a toutes les facilités possibles pour le réaliser : les longues heures de sa solitude lui en offrent le temps : une corde, une bretelle, un instrument quelconque sont toujours sous sa main, quelque soin qu'on se donne pour lui retirer les moyens d'en finir avec une existence dont rien ne diminue l'horreur.

Pourquoi la commission n'a-t-elle pas prévu l'objection, et décidé que le régime cellulaire ne serait pas appliqué aux condamnés qui manifestent des tendances au suicide, qui est aussi une variété de l'aliénation mentale?

Dans une prison construite d'après le système de l'emprisonnement individuel, chaque cellule coûte, en moyenne, 2,000 francs; quelquefois, elle s'élève à 2,500 et même à 3,000 francs. La commission accepte ce dernier chiffre. Il faut ajouter, à la dépense de la cellule, celle qui est nécessitée pour toutes les constructions accessoires que réclame l'emploi du régime individuel.

On ne se fait une idée de ces exigences subsidiaires que lorsqu'on connaît l'établissement d'une prison cellulaire. Il a fallu mettre en œuvre tout ce que la science la plus ingénieuse peut fournir à l'art architectural pour organiser la ventilation, l'aération, le chauffage, les lieux d'aisances, l'éclairage, l'exercice du culte, le transport et la distribution des aliments, la surveillance générale et individuelle des détenus, les promenoirs, le travail particulier, la propreté, le service de l'infirmerie, les visites des parents en des parloirs cellulaires, et surtout l'invisibilité continuelle et absolue entre les détenus, prodiges d'optique à multiplier; l'aphonie et l'insonorité des cellules, que l'on n'obtient presque jamais de manière à rendre les communications verbales tout à fait impossibles. Tous ces perfectionnements, qui ont fait de la construction des prisons cellulaires une science à part, ne s'obtiennent qu'à renforts d'argent et de dépenses.

La construction et l'appropriation de plus de trente grandes prisons pour peines, dans toute l'Italie, coûteraient au moins 50,000,000 de francs; on aurait donc cette somme à prélever sur le budget italien: le moment n'est pas propice.

MM. de Beaumont et de Tocqueville ont dit: « Le prix des pénitenciers construits sur le modèle de Philadelphie est si considérable qu'il nous semblerait imprudent de proposer l'adoption de ce plan. Ce serait faire peser sur la société une charge énorme dont les heureux résultats du système seraient à peine l'équivalent. » Nous désirons que le Parlement, gardien de la fortune publique de l'Italie, pèse bien ces paroles avant de faire pencher le plateau du côté du projet de la commission, et qu'il se rappelle que toutes les nouvelles prisons de l'Amérique, la Pensylvanie exceptée, sont construites d'après le système d'Auburn.

Ce sont là des faits et des arguments qu'on doit connaître, dont il faut tenir compte lorsqu'on parle d'appliquer le régime de l'isolement aux grandes prisons pour peines dans les pays qui offrent bien moins de conditions favorables que l'Angleterre et l'Amérique, pour la possibilité et l'utilité de cette application.

En effet, en Italie, l'esprit communicatif, l'imagination vive, exaltée, passionnée de l'homme, ne pourrait jamais s'assouplir à un isolement lourd, glacial, énervant, écrasant pendant une longue peine; le désespoir ou la folie en arrêteraient bientôt la durée avec une indéniable fatalité. Dans ces pays, plus qu'ailleurs, tous les motifs qui condamnent ce régime absolu deviennent si évidents qu'ils sont irréfutables.

Devant leur puissance et leur valeur pratique il n'y a qu'à s'incliner et se soumettre. On l'avait parfaitement compris, et avec raison et sagesse on s'était éloigné des théories absolues dans la loi qui appliquait le système d'Auburn et dans l'organisation formulée par le dernier règlement général.

La commission convient que le système de Philadelphie pur, c'est-à-dire la réclusion continue d'un individu entre quatre murs, sans voir qui que ce soit, sans entendre le son d'une parole humaine, est barbare et cruel, par conséquent inadmissible. Mais croit-on que les modifications qu'elle y apporte soient de nature à en adoucir de beaucoup les rigueurs? — Nous avons dit ce que c'est que le secours des visites officielles ou officieuses pour les détenus en cellule ; nous laissons imaginer ce que peut être cette distraction pour un homme condamné à dix ans de solitude pénale.

Qu'on ne nous objecte pas que ces arguments sont anciens et qu'ils ont été déjà souvent employés pour condamner et repousser le régime de Philadelphie ; ces arguments n'ont rien perdu de leur force pour n'être pas d'aujourd'hui, ils en ont acquis une nouvelle par l'effet de l'expérience : leur puissance s'est accrue et combinée de la puissance de la pratique. Et, d'ailleurs, s'ils ne sont pas nouveaux, ceux de la commission sont au moins de la même date. C'est tout le vieil arsenal des vieilles discussions qu'elle remet au jour, sans tenir compte de l'épreuve funeste dont le temps et les faits ont frappé ces armes devenues hors de service.

§ VI.

Pour dire mon opinion tout entière en ce qui concerne le régime des grandes prisons pour peines, le meilleur, à mes yeux, est celui du système mixte établi en France, ou mieux encore celui d'Auburn, avec la vie en commun dans le jour, l'isolement pendant la nuit et, j'ajouterai, à certains moments de la journée. Ces instants de solitude, qui pourraient être de deux heures par jour, sont moralement et intellectuellement utiles au prisonnier pour se recueillir, faire un retour sur lui-même et sur sa position, donner de l'attention à une lecture instructive et morale, penser à sa famille, à ses parents, réfléchir enfin sur ce qui intéresse son présent et son avenir. Quelle est l'âme, même dans la vie ordinaire et libre, qui n'ait besoin de ce calme d'une solitude momentanée pour penser à elle-même, pour se reposer des fatigues et des ennuis de la vie commune, pour se retremper dans la méditation et récapituler en silence ce qu'elle a fait et ce qu'elle doit faire pour son bien ?

A plus forte raison cette solitude est-elle utile au prisonnier pour l'empêcher de s'abrutir dans le roulement incessant de sa vie matérielle. Le système d'Auburn, avec cette adjonction, le régime de l'ancien pénitencier de Genève, celui qu'on avait préparé pour le pénitencier de Cagliari, me paraîtrait donc le meilleur, le plus rationnel, le plus exempt de tous les inconvénients qui vicient le régime de l'isolement absolu et du régime complétement commun ; mais la dépense qu'il exige soulève de grandes difficultés quant à présent. L'Angleterre seule, avec l'organisation et le grandiose de son administration, la richesse de son Trésor et l'habitude de ne reculer devant aucun sacrifice quand il faut atteindre un but désiré, peut tout tenter pour arriver à de bons résultats pratiques.

Il me paraît donc qu'il est prudent de s'en tenir quant à présent en Italie au régime auburnien combiné avec le règlement général. Il répond aux exigences de la répression combinée avec celles de la correction ; il convient au caractère des populations de ce pays ; il satisfait aux conditions d'humanité, d'amélioration, en même temps qu'à celles d'exemplarité, de punition et de précaution, irrésistiblement réclamées par les sociétés, parce qu'elles sont la base de tout véritable régime pénal.

S'écarter de cette ligne pratique, généraliser dans toutes les provinces de l'Italie ce qui est établi en Toscane avec plus ou moins de succès, ce serait tenter une expérience hasardeuse et entrer dans une voie d'où les dangers et les résultats pénibles forceraient tôt ou tard de sortir, comme l'a fait la Grande-Bretagne, avec cette raison, cette logique d'application, ce courage et ce respect pour le fait qui distinguent son administration pénitentiaire.

A cette organisation on pourrait ajouter quelques dispositions particulières, en ce qui concerne les grandes prisons pour peines.

D'abord, à chacun de ces établissements il serait utile d'annexer un quartier spécial, distinct, de séparation et d'isolement pour les prisonniers incorrigibles, de ceux dont la meilleure discipline ne peut dompter le caractère gangrené, violent, pourri jusqu'à la moelle, pour les condamnés dangereux, sous le rapport matériel ou sous le rapport moral, pour tous ceux enfin qu'il est nécessaire, utile ou convenable de séparer de la masse des prisonniers. Dans ce quartier il doit y avoir des cellules simples et des cellules où le travail soit possible. Ces lieux de ségrégation peuvent être construits et appropriés d'après les modèles de Pentonville, où tout ce qui intéresse la détention est prévu et parfaitement exécuté, ou bien d'après le système des quartiers d'isolement établis dans les maisons centrales de la France. Des préaux, comme à Pentonville et en France, doivent être adaptés à ces quartiers pour la promenade des séquestrés.

Ce que je dis pour les grandes prisons des hommes, je l'applique également aux prisons des femmes, car la contagion de l'exemple et des conseils y est aussi redoutable que dans les premières. C'est d'ailleurs ce qui existe dans la prison des femmes, ancien Ergastolo, à Turin.

Ce système d'isolement et de ségrégation partiels est surtout utile dans les pays où il existe de vastes, d'abominables associations qui s'affilient des criminels, comme la *camorra*, et où il importe de prendre tous les moyens possibles pour s'opposer à ce que de nouveaux adeptes y soient initiés par les scélérats qui se rencontrent et se recrutent dans les prisons. On trouve aussi ces avantages dans le système mixte de la France qui sépare et isole les plus mauvais.

Les dispositions contenues dans les articles 390, 393 et 400 du règlement général italien, et qui sont relatives à la peine disciplinaire de la cellule n° 3, c'est-à-dire de un à six mois, et même, au besoin, de toute la durée de la peine légale, n'ont qu'une analogie incomplète avec celles qui règlent l'isolement dans le quartier spécial dont je viens d'indiquer la formation et la destination. Cette mise en cellule dans le dernier règlement est une punition, tandis que dans ce quartier elle n'en est pas réellement une: c'est une mesure de précaution, de nécessité, de convenance. D'après le règlement, cette cellule est sans promenade pendant un mois et toujours sans travail; dans le quartier, l'isolé se promène dans le préau solitaire dès le jour de sa séquestration ; il peut travailler si l'administration le juge possible.

Secondement, il serait utile de créer, comme on a commencé à le faire en France, dans chaque grande maison pour peines, des quartiers de jeunes adultes, âgés de moins de vingt ans, afin de séparer ces jeunes gens, non encore complétement corrompus, des vétérans du crime, et d'empêcher ainsi les désordres que cette juxtaposition peut produire, ainsi que l'enseignement du vice et du mal qui en est le résultat. Ces quartiers ne doivent avoir rien de commun avec le reste de la détention. Ce serait la *custodia* transportée dans ces grandes prisons.

Quant aux prisons préventives, le meilleur système à adopter est,

sans contredit, le système de l'emprisonnement séparé, du régime cellulaire, au moins pour le plus grand nombre des prévenus; car, pour
eux, c'est déjà une peine préliminaire que d'être confondus avec la
pire espèce de détenus et de se trouver côte à côte avec des scélérats
consommés, qui, en sortant, peuvent aller les souiller d'un appel à la
confraternité de la prison. La loi italienne du 27 juin 1857 a donné
satisfaction sous ce rapport. Toutefois, le système des prisons mixtes dans
lesquelles la détention en commun est mitigée par l'emploi de chambres individuelles, pour les cas de convenance ou de nécessité, pourrait
encore suffire aux plus pressantes exigences. En l'adoptant, on prévient
beaucoup d'inconvénients, on évite beaucoup de mal, on produit
beaucoup de bien, sans s'imposer trop de dépenses, ce qu'il ne faut
jamais oublier dans les actes de l'administration et dans l'application des théories.

Après avoir étudié l'œuvre de réforme entreprise en Angleterre par
sir Robert Peel, continuée par lord John Russell, sir James Graham,
lord Grey, lord Palmerston et M. Jebb, et vu ses résultats actuels;
après avoir examiné divers systèmes pénitentiaires à l'œuvre dans toute
l'Europe; après avoir recueilli toutes les observations, pesé tous les
arguments, apprécié tous les faits pratiques, il ne reste plus qu'à se
demander ceci : Que faire, que faire surtout en Italie ? — Je réponds
hardiment et consciencieusement : Ne pas adopter le projet de la commission en ce qui concerne l'isolement absolu des condamnés; persister
dans le système établi par la loi du 14 février 1862, système auburnien
pour les prisons pénales, et dans le régime si habilement organisé par
le règlement des prisons pour peines de janvier 1862, auquel il peut y
avoir quelques articles à ajouter, comme je viens de le dire; mais,
quant aux principes, rien à changer.

Beaucoup ont été partisans du régime de l'isolement absolu, même
pour de longues peines, on a eu foi en sa puissance; mais les convictions ont été changées en le voyant appliquer, en l'examinant à
l'œuvre, en constatant ses effets. Il ne faut pas être de ceux qui
s'opiniâtrent dans une théorie quand ils l'ont une fois établie ou
acceptée, et qui, pour la soutenir, se barricadent dans leurs idées et
se révoltent contre les faits pratiques par lesquels elle est démentie.

Les arguments de la commission et les motifs de son projet de loi
ne sont pas assez puissants pour convertir à ses doctrines et à ses
propositions en ce qui concerne le régime philadelphien.

En résumé, et je conclus par cette observation, le régime cellulaire absolu, à mon avis, est excellent pour les prévenus ; il est bon
comme épreuve temporaire pour les condamnés; il est inadmissible
comme peine de longue durée, moins les cas très-restreints de

positions exceptionnelles; et encore faut-il alors faire luire à la porte de la cellule cet espoir consolateur de son ouverture plus ou moins prochaine qui seul peut soutenir et encourager celui qui y est renfermé et qui sans cette espérance serait plongé dans sa tombe avant d'être mort. Le meilleur régime serait le système mixte de la France, et pour les prisons où s'expient les plus grands crimes, où se subissent les plus fortes peines, les prisons correspondant aux bagnes et aux maisons de réclusion, celui d'Auburn, c'est-à-dire du travail en commun et de la cellule pour la nuit et pour quelques heures de la journée; mais est-il possible immédiatement? C'est une question de dépense à adresser aux Trésors publics.

Le gouvernement italien paraissait l'avoir adopté par la loi du 14 février 1862; il serait fâcheux qu'il ne persistât pas dans cette tentative et qu'il se laissât entraîner par les arguments de la commission, qui n'a fait que lui offrir ce qui avait été proposé ailleurs il y a longtemps.

Quant aux autres propositions de la commission, et notamment celle qui tend à la suppression des bagnes, celle qui consacre le système de la libération conditionnelle et les autres, je l'ai dit, et mon avis sera celui de tous, on ne peut que leur donner une entière adhésion. La législation pénale du royaume d'Italie et son administration pénitentiaire s'honoreront en les adoptant. Ces mesures s'ajouteront à toutes celles que l'Italie, sous le gouvernement de Victor-Emmanuel, a réalisées dans l'intérêt moral et matériel de ses peuples.

NOTES.

(1) Voir le Mémoire sur la nouvelle législation pénale de l'Angleterre, la servitude pénale au lieu de la transportation, les travaux agricoles et la libération conditionnelle et révocable, publié en 1856.

(2) A cette occasion, je dois dire que je regrette de n'avoir pas visé, dans mon *Mémoire sur l'éducation correctionnelle*, les résultats des dix dernières années de chaque établissement, au lieu de citer les chiffres des dix premières années.

A Mettray, les récidives étaient plus nombreuses à l'origine qu'en ce moment; en voici le motif :

Sur les 71 colons récidivistes, accusés dans mon mémoire :

Ont fait un séjour de 1 an à la Colonie.		. . . .	2
Ont passé	1 an	—	4
—	2 ans	—	31
—	3 ans	—	19
—	4 ans	—	15

Ces 71 récidivistes étaient âgés, au moment où ils furent l'objet d'une nouvelle poursuite judiciaire :

de 12 ans.	. . . .	1
13 ans.	. . . .	1
14 ans.	. . . .	3
15 ans.	. . . .	5
16 ans.	. . . .	12
17 ans.	. . . .	13
19 ans.	. . . .	13
20 ans.	. . . .	7
21 ans.	. . . .	1

Depuis la publication de la circulaire de M. Delangle, en date de novembre 1847, les magistrats, mais malheureusement pas dans tous les tribunaux, n'ont plus hésité à appliquer l'article 66 du Code pénal jusqu'à sa dernière limite; il n'était pas, en effet, de plus sûr moyen de protéger la moralité des jeunes détenus, et de les mettre à même de subvenir à leur existence que de leur laisser le temps de se perfectionner dans leur profession. Aujourd'hui, ils nous quittent, pour la plupart, en état d'être de bons ouvriers. Qui ne connaît la position fâcheuse de l'apprenti?

La moyenne du séjour des enfants à la Colonie s'est augmentée depuis la mise en vigueur de la circulaire précitée; on concevra, dès lors, que le chiffre des récidives se soit abaissé, les colons étant placés désormais dans une position beaucoup plus favorable.

La faveur accordée par M. le ministre de l'intérieur de mettre en liberté provisoire les jeunes détenus' qui se rendent dignes par leur bonne conduite de cette mesure, doit rassurer sur les inconvénients que pourrait entraîner, pour certains individus, la prolongation de leur séjour dans les colonies agricoles.

Le casier judiciaire tenu avec tant de soin au ministère de la justice permet aujourd'hui de donner une statistique des plus exactes sur chaque établissement; aussi le Compte rendu publié par M. le garde des sceaux en 1862 accuse pour Mettray, pour trois années, (page 191) :

288 libérations,

11 récidives,

Soit : 3.81 0/0.

(3) L'auteur a traité cette question *in extenso* dans un mémoire spécial.

PARIS. — IMPRIMERIE CENTRALE DE NAPOLÉON CHAIX ET Ce, RUE BERGÈRE, 20. — 5174.

OUVRAGES ADMINISTRATIFS DU MÊME AUTEUR :

Mémoire sur la nouvelle législation pénale de l'Angleterre, la servitude pénale au lieu de la transportation, les travaux agricoles et la libération conditionnelle et révocable, 1856.

Notice sur les prisons et le nouveau régime pénitentiaire, l'administration, la législation, les jeunes détenus dans le royaume de Sardaigne (aujourd'hui royaume d'Italie), 1857.

Tableau des prisons militaires, pénitenciers militaires, ateliers de travaux (organisation, régime, législation pénale, statistique), en France, en Piémont, en Prusse et en Angleterre, 1858.

Catalogue chronologique et analytique des documents officiels relatifs à l'administration des prisons de 1791 à 1862.

François Perrin, épreuves et réhabilitation d'un condamné libéré : 1re édition, 1847 ; 2e édition, 1855.

   Ouvrage adopté et recommandé pour les bibliothèques des Maisons centrales et des prisons départementales par le Ministre de l'Intérieur ; distribué dans les bagnes par ordre du Ministre de la Marine ; dans les prisons de Paris et des départements, par décisions du Préfet de Police, des Préfets et des Conseils généraux ; approuvé par Mgr Affre, Archevêque de Paris.

Essai sur les Bibliothèques administratives. Ouvrage utile pour la formation des bibliothèques spéciales d'administration, 1844.

L'Espagne en 1860, état politique, administration, législation, institutions économiques, statistique générale de ce royaume, 1860.

Revue administrative de 1840 à 1849.

   (Tous ces ouvrages ont été recommandés par le *Bulletin officiel du Ministère de l'intérieur*.)

Les Monts-de-Piété, leur situation actuelle comme établissements de bienfaisance, etc., 1849.

Note sur l'emprisonnement cellulaire en France, 1853.

Du patronage des Condamnés libérés et de son organisation, lettre à M. Bérenger, de la Drôme, 1847.

Notice statistique sur le travail dans les prisons, en France, 1862.

Divers Mémoires sur des questions de législation pénale, de statistique et d'économie politique, 1862-1863.

Mémoire sur l'éducation correctionnelle des jeunes détenus et sur le patronage des jeunes libérés, qui a obtenu une médaille d'or au concours ouvert sur ces questions par la Société de patronage des jeunes détenus et des jeunes libérés du département de la Seine, 1863.

POUR PARAITRE PROCHAINEMENT :

Précis comparatif des nouvelles législations pénales et pénitentiaires de l'Angleterre, de l'Espagne et de l'Italie.

PARIS. — IMPRIMERIE CENTRALE DES CHEMINS DE FER DE NAPOLÉON CHAIX ET Cⁱᵉ, RUE BERGÈRE, 20. — 5176.

www.ingramcontent.com/pod-product-compliance
Ingram Content Group UK Ltd.
Pitfield, Milton Keynes, MK11 3LW, UK
UKHW020047100726
13658UKWH00004B/1595